et de plus comment pourra-t-il faire reconnaître une semblable bizarrerie, puisqu'il se servira forcément du même mot pour exprimer une couleur qu'il voit différemment? il prendra un objet qu'on lui a appris être rouge, et, quoiqu'il le voie brun, il dira voilà du rouge.....

Il faut donc sans cesse le répéter aux artistes, qui semblent l'oublier trop souvent : ce n'est pas la manière, le coloris de tel ou tel maître, c'est la nature que vous devez imiter.

NOTE SUR LES COULEURS
QUE L'ON EMPLOIE ACTUELLEMENT POUR LES TABLEAUX A L'HUILE ET EN MINIATURE.

Nous avons, à dessein, omis dans cette note quelques couleurs dont on se sert rarement, à cause de leur peu de fixité ; telles sont les *bistre*, *cendre verte*,

violet, bleu, vert, jaune, orangé, rouge; celles qui sont aux sommets opposés de deux triangles équilatéraux inscrits dans l'hexagone, par exemple violet et jaune, bleu et orangé, vert et rouge, se heurtent durement, tandis que celles qui sont voisines les unes des autres se fondent d'autant plus facilement qu'elles sont plus près; par exemple le rouge et l'orangé, le rouge et le violet, se marient également bien et beaucoup mieux que le rouge et le bleu ou le rouge et le jaune.

Il n'y a pas, il ne peut y avoir en bonne peinture, de *coloris de convention*; coloris historique n'est qu'un mot d'atelier ; le vrai coloris est celui de la nature, qu'il faut apprendre à étudier, à saisir et à comprendre jusque dans l'idéal de sa perfection.

Mais il y a, dit-on, de bons peintres dont le coloris n'est infidèle que parce que leurs yeux les servent mal; s'ils donnent dans le gris, dans le jaune, dans le violet, c'est qu'ils voient ainsi; cela tient à la conformation des organes de leur vue: dites qu'ils ne savent pas se servir de leurs yeux pour voir juste, à la bonne heure; mais qu'ils ne peuvent pas voir juste, c'est une erreur, erreur très-accréditée, il faut en con-

EXERCICES
ÉLÉMENTAIRES.

CONDAMNATIONS POUR DÉBIT DE CONTREFAÇONS

DES OUVRAGES DE MM. NOEL ET CHAPSAL.

JUGEMENT du Tribunal correctionnel d'Amiens, confirmé par arrêt de la Cour royale, qui condamne MM. BARDOU, imprimeurs-libraires à Limoges, et consorts, à 3,000 fr. de dommages-intérêts pour débit de contrefaçons de la *Nouvelle Grammaire française*, des *Exercices français*, etc.

JUGEMENT du Tribunal correctionnel de Paris, confirmé par arrêt de la Cour royale, qui condamne MM. BARDOU, imprimeurs à Limoges, à *cent mille fr.* de dommages-intérêts pour contrefaçon de la *Nouvelle Grammaire française*, des *Exercices français*, etc., etc.

JUGEMENT de la Cour royale de Metz, qui condamne M. MARTIAL ARDANT, imprimeur-libraire à Limoges, à 3,000 fr de dommages-intérêts envers M. Chapsal, à l'amende et aux frais.

JUGEMENT du Tribunal correctionnel de Lille, qui condamne M. PETITOT, libraire à Lille, à 2,000 fr. d'amende, aux dommages-intérêts envers M. Chapsal, et aux frais.

JUGEMENT du Tribunal correctionnel de Verdun, qui condamne la dame VILLET, libraire de cette ville, à 2,000 fr. d'amende, etc.

Les exemplaires voulus par la loi ont été déposés à la direction de l'Imprimerie.

Les exemplaires non revêtus de la signature de l'auteur, seront réputés contrefaits, et tout contrefacteur ou débitant de contrefaçons de cet ouvrage sera poursuivi suivant la rigueur des lois.

Cet ouvrage se trouve aussi chez M. CHAPSAL, rue du Bac, 96.

N. B. Les lettres non affranchies ne seront pas reçues.

Paris.—Imprimerie de BOURGOGNE et MARTINET, rue Jacob, 30.

EXERCICES
ÉLÉMENTAIRES

ADAPTÉS

A L'ABRÉGÉ DE LA GRAMMAIRE FRANÇAISE

DE MM. NOEL ET CHAPSAL;

OUVRAGE

DESTINÉ A FACILITER L'ENSEIGNEMENT DU MAITRE ET LES PROGRÈS
DE L'ÉLÈVE PAR UNE APPLICATION MÉTHODIQUE DES RÈGLES.

PAR M. CHAPSAL.

PARIS,

MAIRE-NYON, libraire, quai Conti, 13.
RORET, libraire, rue Hautefeuille, 10 *bis*.
HACHETTE, libraire, rue Pierre-Sarrasin, 12.
DELALAIN, libraire, rue des Mathurins-St.-Jacques, 5.

1842.

OUVRAGES DES MÊMES AUTEURS.

NOUVELLE GRAMMAIRE FRANÇAISE, sur un plan très-méthodique, avec de nombreux Exercices d'Orthographe, de Syntaxe et de Ponctuation, tirés de nos meilleurs auteurs, et distribués dans l'ordre des Règles ; ouvrage mis au rang des livres classiques adoptés pour les Écoles militaires ; trente-quatrième édit., 2 vol. in-12, qui se vendent séparément. LA GRAMMAIRE. 1 fr. 50 c.—LES EXERCICES. 1 fr. 50 c.

ABRÉGÉ DE LA GRAMMAIRE FRANÇAISE, ou Extrait de la NOUVELLE GRAMMAIRE FRANÇAISE : vingt-cinquième édit., 1 vol. in-12. Prix : 90 c.

EXERCICES FRANÇAIS sur l'orthographe, la syntaxe et la ponctuation. — Première année. — Trente-cinquième édit., 1 vol. in-12. Prix : 1 fr. 50 c.

CORRIGÉ DES EXERCICES, trente-quatrième édition, 1 vol. in-12. 2 fr.

NOUVEAU DICTIONNAIRE DE LA LANGUE FRANÇAISE, enrichi d'exemples tirés des meilleurs écrivains des deux derniers siecles, avec la solution de toutes les difficultés que présente notre langue, etc., huitième édition, considérablement augmentée. Ouvrage mis au rang des livres classiques, et adopté pour les Écoles militaires et pour la Maison royale de Saint-Denis. 1 vol. grand in-8. Prix : 8 fr.

LEÇONS D'ANALYSE GRAMMATICALE, 1 vol. in-12, quinzième édition. 1 fr. 80 c.

LEÇONS D'ANALYSE LOGIQUE, treizième édition, 1 vol. in-12, 1 fr. 80 c.

TRAITÉ DES PARTICIPES, accompagné de nombreux exemples, huitième édition, revue avec soin. 1 v. in-12. 2 fr.

EXERCICES sur le participe passé et le participe présent, huitième édition. 1 vol. in-12. 2 fr.

CORRIGÉ DES EXERCICES SUR LES PARTICIPES, septième édition. 1 vol. in-12. 2 fr.

COURS DE MYTHOLOGIE, sixième édit. 1 v. in-12. 2 fr.

EXERCICES FRANÇAIS SUPPLÉMENTAIRES sur les difficultés qu'offre la syntaxe.—Seconde année. 1 fr. 50 c.

CORRIGÉ DES EXERCICES SUPPLÉMENTAIRES. — 1 vol. 2 fr.

Nota. Les Exercices supplémentaires sont destinés aux élèves qui, ayant vu les Exercices français, ont besoin d'une seconde année de syntaxe.

NOUVELLE SYNTAXE FRANÇAISE, servant de développement et de complément à la NOUVELLE GRAMMAIRE FRANÇAISE, à l'usage des classes supérieures. 1 fort vol. in-12. 2 fr. 75 c.

EXERCICES
ÉLÉMENTAIRES.

CHAPITRE PREMIER.

DU SUBSTANTIF.

Exercice sur le substantif en général. (Voyez n° 14 de l'*Abrégé*.)

L'élève copiera cet exercice en soulignant chacun des substantifs qui s'y trouvent.

Les feuilles et les fleurs sont la parure des arbres. Le Rhône parcourt plusieurs départements. César fut un grand capitaine. L'amour de la patrie ne s'éteint jamais dans le cœur de l'homme. Toulon, port de mer, est situé sur la Méditerranée. La clémence est la vertu des grandes ames. Charlemagne a gouverné la France, l'Italie et l'Allemagne. La Seine prend sa source en Bourgogne. Les grands écrivains font la gloire des nations. L'Amérique a été découverte par Colomb. Les bons livres ornent l'esprit et forment le cœur. L'amitié fait le charme et le bonheur de la vie. La reconnaissance est la mémoire du cœur. Saint Louis fut un roi sage et pieux. L'imprimerie a été inventée par Guttemberg. Les animaux les plus redoutables habitent les pays les plus chauds.

1

C'est des plus hautes montagnes que sortent les plus grands fleuves. La vertu l'emporte sur les talents, et les talents sur les richesses. Rome et Carthage furent long-temps en guerre. L'homme savant qui parle ressemble à l'homme généreux qui donne. L'ennui est entré dans le monde par la paresse. La sagesse de Socrate et la valeur d'Achille sont également célèbres.

Exercice sur les substantifs communs, les substantifs propres et les substantifs collectifs. (Voyez nᵒˢ 15 et 16.)

L'élève, en copiant cet exercice, soulignera les substantifs qui s'y trouvent, et indiquera, par les abréviations *s. com.* — *s. prop.* — *s. coll.* placées après chacun d'eux, s'ils sont communs, propres ou collectifs.

La nature a des charmes pour les cœurs sensibles. La Russie et la Suède possèdent une infinité de lacs. Nos soldats ont remporté des victoires. Une multitude d'oiseaux animent ces belles campagnes. L'aigle construit son nid dans les endroits les plus élevés. Fénélon fut un grand écrivain et un homme de bien. La totalité des enfants sacrifie l'avenir au présent. Rouen est une ville manufacturière. L'agriculture et le commerce font la richesse des nations. Alexandre, roi de Macédoine, subjugua une grande partie du monde. Les douceurs de la paix l'emportent sur la gloire des conquêtes. La fortune, les grandeurs, la santé, sont des biens périssables. Les femmes de Sparte étaient célèbres par leur courage et leur force d'âme. La majorité des hommes préfère l'oisiveté à une vie active. Le malheur ajoute un nouvel éclat à la gloire des grands hommes. L'esprit est la fleur de l'imagination ; le jugement en est le fruit. Le superflu des riches ferait le bonheur d'un grand nombre de familles. Les meilleures choses doivent être prises en petite quantité.

Exercice sur le genre des substantifs. (Voyez n° 17 et 18.)

L'élève indiquera le genre de chacun des substantifs suivants, en mettant *un* ou *le* devant les substantifs masculins, et *une* ou *la* devant les substantifs féminins.

Homme ; femme ; garçon ; fille ; serpent ; couleuvre ; lion ; loup ; lionne ; louve ; sanglier ; laie ; tailleur ; couturière ; autruche ; coq ; pigeon ; poule ; tourterelle ; berger ; bergère ; cheval ; jument ; âne ; ânon ; ânesse ; hirondelle ; moineau ; roi ; prince ; princesse ; reine ; mulet ; mule ; muletier ; agriculteur ; paysanne ; oiseau ; renard ; mouche ; araignée ; ouvrier ; ouvrière ; mouton ; brebis ; frère ; sœur ; oncle ; tante ; rossignol ; perdrix ; valet ; servante ; officier ; soldat ; vivandière ; rat ; souris ; bœuf ; vache ; héros ; héroïne ; chien ; chat ; cousin ; cousine ; maçon ; charpentier ; tigre ; fauvette, parrain ; marraine ; médecin ; ami ; mâle ; femelle ; écolier ; écolière ; parent ; parente ; cultivateur ; meunier ; fermière ; meunière ; cerf ; biche ; paon ; allouette ; commerçant ; cordonnier ; épicière ; papillon ; poisson ;

chenille; enfant; nourrice; baleine; linotte; Dieu;
divinité; voyageur; perroquet; régiment, troupe;
chameau; chèvre; capitaine; compagnie; quadru-
pède; reptile; marchand; écrivain; neveu; nièce;
chameau; démon; oie; grive; taureau; génisse.

Exercice sur le même sujet. (Voyez nᵒˢ 17 et 18.)

L'élève, en copiant cet exercice, mettra *un* ou *le* devant
chaque substantif masculin, et *une* ou *la* devant chaque substantif féminin.

Champ; château; prairie; maison; parc; jardin;
lune; soleil; jour; lumière; fleuve; ruisseau; rivière; chandelier; lampe; tableau; table; contrée;
pays; royaume; ville; village; fumée; flamme; blé;
paille; fruit; fleur; pomme; raisin; poivre; eau;
glace; papier; plume; bateau; barque; arbre; herbe;
vice; vertu; mérite; instruction; fauteuil; chaise;
charrue; semence; combat; victoire; cheminée;
feu; chaleur; chemin; route; allée; pont; canal;
moulin; meule; farine; son; grammaire; langue;
œillet; rose; fabrique; travail; étude; blancheur;
méchanceté; métier; profession; paysage; campagne; probité; sagesse; aliment; nourriture; adresse;
intelligence; esprit; talent; trésor; santé; noyau;
pepin; tête; cou; épaule; bras; bijou; diamant;
nuit; jour; conte; fable; abricot; pêche; orange;
jugement; raison; mont; montagne; vérité; mensonge; monument; édifice; tempête; tonnerre; soleil; lune; temps; éternité; violette; jasmin; œil;

bouche ; repas ; plat ; assiette ; vin ; liqueur ; volume ; temple ; église ; labour ; culture ; malheur ; infortune ; calamité ; repos ; calme ; agitation.

Exercice sur le nombre des substantifs. (Voyez n° 19.)

L'élève en copiant cet exercice mettra une s après chaque substantif singulier, et un *p* après chaque substantif pluriel. (Ici *s* signifie singulier, et *p* pluriel.)

Une table. Des tableaux. Mon fils. Mes filles. Un chien. Des chats. Votre père. Mon frère. Vos parents. Un arbre. Un fruit. Des arbres. Une campagne. Un jardin. Des champs. Des moissons. Un agriculteur. Des fermiers. La nation. Le pays. Les peuples. Un maître. Des écoliers. Des progrès. Un prix. Des récompenses. Une église. Des prédicateurs. Ta bibliothèque. Tes livres. Vos leçons. Votre application. Le roi. Les princes. L'étang. Les marais. La foudre. Les éclairs. Les nuages. Le brouillard. La modestie. L'orgueil. Mes enfants. Vos neveux. Une charrue. Des bœufs. Tes talents. L'humanité. Vos bienfaits. Ma reconnaissance. Vos amis. Des chansons. Vos habits. Son chapeau. Ta plume. Ce lièvre. Ces lapins. Une récolte. Des pommes. Mon père. Ma mère. Ces vices. Les vertus. Mon jardin. Mes légumes. Les sciences. Des principes. Nos neveux. Votre amitié. Le prince. La nation. Les lois. Un sol. Un sage. Des dessins. Des peintures. Son crayon. Sa plume. L'ignorance. Les passions. Un sacrifice. Des souffrances. Ces soldats. Cet officier. Cette armée. Votre bonté. Vos défauts,

ANALYSE.

A mesure que l'élève acquerra de nouvelles connaissances, il sera utile qu'il fasse des analyses qui résumeront tout ce qu'il aura appris. Ces analyses, progressives et simples, ne renfermeront, autant que possible, rien d'étranger aux objets sur lesquels l'élève aura été exercé, et devront être calquées sur le modèle que nous donnerons pour chacune d'elles.

Au lieu d'une analyse sur le même sujet, le maître en fera faire plusieurs, s'il juge que les progrès de l'élève l'exigent.

MODÈLE D'ANALYSE.

Homme, femme, soldats, victoires; Alexandre; Caroline; jardin; campagne; nombre; maisons; multitude; champs; Henri; Louise; parc; prairie; quantité; volumes; plumes; collection; France.

> *Homme*.., subst. commun masc. sing.
> *Femme* .., subst. commun fém. sing.
> *Soldats* .., subst. commun masc. plur.
> *Victoires* , subst. commun fém. plur.
> *Alexandre*, subst. propre masc. sing.
> *Caroline* .., subst. propre fém. sing.
> *Jardin*. .., subst. comm. masc. sing.
> *Campagne*, subst. commun. fém. sing.
> *Nombre*.., subst. collect. masc. sing.
> *Maisons* .. subst. comm. fém. plur.
> *Multitude* , subst. collect. fém. sing.
> *Champs*.., subst. comm. masc. plur.
> *Henri* .... subst. propre masc. sing.
> *Louise*. .., subst. propre fém. sing.
> *Parc*. ..., subst. commun masc. sing.
> *Prairie*. .., subst. commun fém. sing.
> *Quantité*., subst. collect. fém. sing.
> *Volumes*., subst. commun masc. plur.
> *Plumes* .., subst. commun fém. plur.
> *Collection*, subst. collect. fém. sing.
> *France* .., subs. propre fém. sing.

FORMATION DU PLURIEL DANS LES SUBSTANTIFS.

Exercice sur la règle générale, sur la première, la deuxième et la troisième exception, et sur les deux remarques. (Voyez nᵒˢ 20, 21, 22, 23, 24 et 25.)

L'élève mettra au pluriel les substantifs suivants, et remplacera *un, une* par *des*, et *le, la* par *les*.

Un roi. Une reine. La ville. Le champ. Un fleuve. Une rivière. Le soldat. L'armée. Une plume. Un crayon. Le père. La tante. Un mont. Une montagne. Le cousin. La cousine. Un héros. Le fils. Un tapis. La voix. Le choix. Un laquais. Un cyprès. Un nez. Le gaz. Un puits. Une vis. Un repas. Une noix. Le neveu. Le jeu. Un arbrisseau. Un seau. Un pieu. Un tombeau. Un lieu. Le cou. Un sou. Un bijou. Un joujou. Le général. Le cheval. Le carnaval. Un détail. Un éventail. Un bail. Un soupirail. Un tonneau. Un vœu. Un signal. Un procès. Un clou. Le torrent. L'âme. Un cheveu. L'émail. Le hameau. L'hôpital. Le pays. Le souvenir. Un métal. Un licou. Un chameau. Un portail. Un ciseau. Le phénix. Le remords. Le taffetas. Un sonnez (*terme du jeu de trictrac*). Le chou. Le genou. Un filou. Une crainte. Une pensée. Le succès. Le discours. Un adieu. Une brebis. Le caillou. Le fardeau. Un essieu. Un verrou. Le hibou. Un tuyau. Un excès. Un carquois. Un joyau. Le feu. Un gant. Un bambou. Un caveau. Le tribunal. Le juge. Un épouvantail. Le neveu. Le fils. Le travail (*avec ses deux formes plurielles*).

Exercice sur le même sujet.

L'élève mettra au singulier les substantifs pluriels qui suivent.

Des roses. Des œillets. Des propos. Des nez. Des voix. Des coteaux. Des aveux. Des coucous. Des poux. Des maux. Des régals. Des attirails. Des coraux. Des arbres. Des fleurs. Des oiseaux. Des perdrix. Des émaux. Des travaux. Des pieux. Des douleurs. Des secours. Des fuseaux. Des choux. Des monarques. Des gouvernails. Des décès. Des hiboux. Des corbeaux. Des canaux. Des vaisseaux. Des époux. Des flambeaux. Des camails. Des mois. Des noyaux. Des fruits. Des logis. Des baux. Des brouillards. Des nuages. Des verroux. Des choix. Des caporaux. Des images. Des poitrails. Des compas. Des filous. Des scélérats. Des tonneaux. Des cailloux. Des carnavals. Des soupiraux. Des repos. Des charrues. Des discours. Des chevaux. Des amis. Des livres. Des vœux. Des étaux. Des couleurs. Des émaux. Des voix. Des bals. Des leçons. Des progrès. Des tombeaux. Des genoux. Des maisons. Des palais. Des généraux. Des parvis. Des maux. Des amas. Des ignorants. Des radis. Des gouvernails. Des prix. Des repas. Des talents. Des riz (plante). Des noix. Des abcès.

RÉCAPITULATION

sur la formation du pluriel dans les substantifs. (Voyez
nᵒˢ 20, 21, 22, 23, 24 et 25.)

L'élève écrira au pluriel les substantifs qu'ici on a mis
à dessein au singulier.

Ils sont tous des émule ou des rival. Les colibri
sont les bijou de la nature. Les flatterie ne sont des
régal que pour les sot. Les travail paisibles sont
comme de doux sommeil. Autant de combat ces général ont livrés, autant ils ont remporté de victoire.
Il y a des fanal dans tous les port pour les vaisseau
qui abordent la nuit. Les jour de fête on tire des feu
d'artifices dans les ville, et l'on fait des feu de joie
dans les campagne. Il y a des fou de toute esp ce.
Les malheur éprouvent les amitié. Nul ne peut dire
aux fontaine des hôpital : je ne boirai pas de vos eau.
La foudre frappe les palais aussi bien que les chaumière. Les jeu et les ris sont l'apanage de la jeunesse.
Il est des forfait que le courroux des dieu ne pardonne jamais. Les hibou ne peuvent supporter la lumière. Plus on fait de frais pour les plaisir, moins
on en jouit. Les fête de certains peuple ne sont que
des carnaval grotesques. On juge de l'importance
des bourg et des village d'après le nombre des feu.
Les corbeau, les loup et les vautour sont des animal
carnassiers. Les castor du Canada font des digue et
se construisent des habitation. Les chameau peuvent
supporter la soif long-temps. La justice et la paix

1*

sont les colonne des empire. Ni les animal, ni les végétal, ni les minéral n'échappent à la dissolution.

Même sujet.

C'était d'après le vol des oiseau et au moyen de l'inspection des entraille des victime que les païen prédisaient les événement. Dans les ville en état de siége on met des drapeau noirs sur les hôpital. Sous les verrou la pensée est aussi libre que dans les champ. Les portail de nos église ont moins de régularité, mais plus de grandeur que les façade des temples que les Grec élevaient à leurs dieu, Que vos yeux ne soient pas comme ceux des hibou, qui se ferment aux rayon de la lumière. Des caillou employés avec art peuvent devenir des ornement. Les émail de ces blason sont fort riches. Du milieu des épine on voit souvent naître des rose. Les brocolis sont des chou d'Afrique. Il faut prendre aux cheveu les occasions et les pensées. Les carnaval de Venise étaient autrefois très célèbres. Les ancien croyaient que les cratère des volcan étaient les soupirail des enfer. Le tonneau des Danaïde est le symbole de nos vœu et de nos désir. Les filou se reconnaissent à certains signe. Le ciel entre les main des roi dépose sa justice et la force des loi. Les remède violents contre des mal imaginaires se tournent en poison. Ceux qui sont aux genou de la fortune n'obtiennent pas toujours ses faveurs.

CHAPITRE II.

DE L'ARTICLE.

Exercice sur son emploi (voy. les n° 27 , 28 , 29).

L'élève, en copiant cet exercice, remplacera le tiret par l'article, ayant égard au genre et au nombre du substantif qui suit.

— prince de Condé possédait toutes — vertus qui font — héros. Tout grondait , — tonnerre, — vents , — flots , — antres , — montagnes. — vieillards s'accommodent moins de — solitude que — jeunes gens, — justice et — piété se sont réfugiées dans — cieux. — jalousie est aveugle et ne sait que décrier — mérite et — vertus.—mortels sont égaux; ce n'est pas — naissance , c'est — seule vertu qui fait — différence. — souvenir d'une bonne action suffit pour embellir — derniers jours de — plus extrême vieillesse , et nous accompagne jusque dans — tombe. — temps, qui détruit tous — monuments élevés par — hommes , n'a pu rien jusqu'ici contre — pyramides d'Égypte. Laissez dire — sots, — savoir a son prix. — vérité est — lumière de — raison. Dieu punit — hommes par le déluge. — licence nous conduit à — dépravation. On ne croit pas — menteur, même quand il dit — vérité. — hommes de bon sens sont rares. — temps fuit. — bonté de Dieu

est infinie. — monarques sont placés sur — terre
pour rendre — peuples heureux. — patience adou-
cit — maux qu'on ne saurait guérir. — pauvreté est
souvent moins funeste que — richesses.

Exercices sur l'élision (voyez le n° 31).

L'élève remplacera le tiret par l'article, ayant soin de
faire l'élision devant une voyelle ou une *h* muette.

— esprit de parti abaisse — hommes. — intrépi-
dité est une force extraordinaire de — ame. — oisiveté ressemble à — rouille ; elle use beaucoup
plus que — activité. — orgueil a été de tout temps
— plaie — plus dangereuse de — homme. — ca-
lomnie est — arme de — envieux. — art que doit
posséder — homme habile, c'est de cacher — habileté qu'il a. — haine excessive est inhumanité, parce
que dans — ennemi, — homme reste toujours. Si vous
avez de — humanité, vous sentirez combien — infortune est respectable. — indécision conduit — homme
à — erreur. — incertitude de — avenir, qui trouble
— jouissance de — homme heureux, est pour — infortuné — cause de — espoir qui le console. Si —
religion était — ouvrage de — homme, elle en serait — chef-d'œuvre. — culture de — homme est
— éducation. A — œuvre on reconnaît — artisan.
— innocence a toujours confondu — imposture. —
ambition, — avarice, — haine tiennent, comme un
forçat, notre esprit à la chaîne. — ennui naquit un
jour de — uniformité. — raison et — imagination

sont rarement réunies. — espérance anime — courage, — crainte anime — activité.

Exercices sur la contraction (voyez les n°ˢ 32, 33).

L'élève fera usage de l'article à la place du tiret, et aura soin de faire la contraction devant un substantif masculin singulier commençant par une consonne ou une *h* aspirée et devant un substantif pluriel.

— bonheur parfait tient plus à — affections qu'à — événements. — bassesse est — préférence de — intérêt à — honneur. — larmes de — malheureux sont de — larmes de sang; elles s'élèvent et découlent de — cœur. Il y a de — justes à qui de — malheurs arrivent comme s'ils avaient fait — actions de méchants : ce sont de — épreuves que — ciel leur envoie. A — petits de — oiseaux Dieu donne — pâture. — premier de — devoirs de — citoyens est — obéissance à — lois. — plaisirs sont de — fleurs qui naissent sur — tige de — vertu. — distinction de — rangs fut une suite immédiate de — réunion de — personnes. On doit — respect à — vertu, à — rang, à — vieillards, et à — malheur. — nature a blanchi — lait de — mères; de peur que — enfants ne s'accoutumassent à — sang. — bonheur de — méchants s'écoule comme un torrent. — remords se réveille à — cri de la nature. — bienfaits sont de — trophées qu'on érige sur — cœur de — hommes. — politesse est à — esprit ce que — grace est à — visage. Un cœur bien né ne résiste pas à — paroles de — amitié.

MODÈLE D'ANALYSE.

Le palais ; la chaumière ; les jardins ; l'enfant ; l'homme ; l'âme ; du pain ; des fruits ; des fleurs ; au roi ; aux princes ; aux lois.

Le.... art. masc. sing.
palais . subst. comm. masc. sing.
La.... art. fém. sing.
chaumière. subst. comm. fém. sing.
Les .. art. masc. plur.
jardins. subst. comm. masc. plur.
L' .... art. élidé pour *le*, masc. sing.
enfant. subst. comm. masc. sing.
L'..... art. élidé pour *le*, masc. sing.
homme. subst. comm. masc. sing.
L'.... art. élidé pour *la*, fém. sing.
âme... subst. comm. fém. sing.
Du, .. art. contracté pour *de le* : *de*. prép.; *le*, art. masc.
          sing.
pain .. subst. comm. masc. sing.
Des, .. art. contracté pour *de les* : *de*, prép.; *les*, art. masc.
          plur.
fruits . subst. comm. masc. plur.
Des.... art. contracté pour *de les* : *de*, prép.; *les*, art. fém.
          plur.
fleurs.. subst. comm. fém. plur.
Au... art. contracté pour *a le* : *à*, prép.; *le*, art. masc.
          sing.
roi ... subst. comm. masc. sing.
Aux .. art. contracté pour *a les* : *à*, prép.; *les*, art. masc.
          plur.
princes subst. comm. masc. plur.
Aux .. art. contracté pour *a les* : *à*, prép.; *les*, art. fém.
          plur.
lois,... subst. comm. fém. plur.

RÉCAPITULATION

*Sur l'emploi de l'article, sur son élision et sa
contraction.*

L'élève remplacera le tiret par l'article simple, élidé ou
contracté.

— religion est — base de — société, — appui de
— empires et — source de — bonheur de — indivi-
dus. De tous — côtés s'offraient à — yeux de — villes
opulentes, de — maisons de campagne, et de —
prairies où paissaient de — troupeaux. — homme
vertueux a — estime de — honnêtes gens. — riche
et — pauvre sont soumis à — mêmes lois. — passions qui sont — maladies de — ame, ne viennent
que de notre révolte contre — raison. — oreille est
— chemin de — cœur. De — goût pour — étude,
de — talent pour écrire, de — ardeur pour entre-
prendre, de — courage pour exécuter et de — con-
stance pour achever ; voilà ce qui annonce — homme
capable. — richesse, — plaisir et — santé deviennent
de — maux pour celui qui ne sait pas en user. De —
chaînes de montagnes, de — forêts étendues, de —
plaines immenses, de — lacs nombreux, de — fleuves
majestueux ; tels sont — caractères qu'offre — sol
de — Amérique. Grâces à — progrès de — industrie — bois font place à — champs, à — pâturages,
à — villages et enfin à — villes.

CHAPITRE III.

DE L'ADJECTIF QUALIFICATIF.

Exercice sur sa définition. (Voyez n° 36).

L'élève copiera cet exercice en soulignant les adjectifs qui s'y trouvent.

Le véritable esprit a les qualités du diamant : il est brillant et solide. Sans une grande estime, il n'est pas d'amitié durable. Un homme bizarre est un homme malheureux. Un enfant doux, honnête et studieux est sûr d'être aimé de tout le monde. Les mauvais exemples sont plus dangereux que les mauvais discours. En France, il n'y a que des moutons blancs, bruns, noirs et tachés ; en Espagne, il y a des moutons roux ; en Écosse, il y en a de jaunes. D'un pinceau délicat l'artifice agréable fait du plus affreux objet un objet aimable. La grande jeunesse n'est pas ordinairement propre aux simples et tranquilles plaisirs de la douce amitié. La véritable grandeur est douce, familière et indulgente ; son caractère est noble et facile ; elle inspire un respect sincère et une confiance illimitée. On apercevait autour de cette ville opulente des plaines immenses couvertes de riches prairies ou d'orangers toujours verts, dont les fleurs, d'une blancheur éclatante et les fruits dorés, répandaient dans l'air un parfum délicieux.

MODÈLE D'ANALYSE.

Le génie vaste. La campagne fertile. Les monuments anciens. Les nations guerrières. Du pain excellent. Des fruits mûrs. Au grand homme. Aux entreprises utiles. L'innocente créature.

Le........ art. masc. sing.
génie.... subst. comm. masc. sing.
vaste.... adject. qualificatif masc. sing.
La....... art. fém. sing.
campagne. subst. comm. fém. sing.
fertile.... adject qualificatif fém. sing.
Les....... art. masc. plur.
monuments subst. comm. masc. plur.
anciens... adject. qualif. masc. plur.
Les....... art. fém. plur.
nations.. subst. comm. fém. plur.
guerrières. adject. qualif. fém. plur.
Du....... art. contracté pour *de le* : *de,* prép.; *le,* art. masc. sing.
pain..... subst. comm. masc. sing.
excellent.. adject. qualif. masc. sing.
Des...... art. contracté pour *de les* : *de,* prép.; *les,* art. masc. plur
fruits.... subst. comm. masc. plur.
mûrs..... adject. qualif. masc. plur.
Au....... art. contracté pour *à le* : *à,* prép.; *le,* art. masc. sing.
grand... adject. qualif. masc. sing.
homme... subst. comm. masc. sing.
Aux..... art. contracté pour *à les* : *à,* prép.; *les,* art. fém. plur.
entreprises. subst. comm. fém. plur.
utiles..... adject. qualif. fém. plur.
L'....... art. élidé pour *la,* fém. sing.
Innocente. adject. qualif. fém. sing.
Créature.. subst. comm. fém. sing.

FORMATION DU FÉMININ DANS LES ADJECTIFS.

Exercices sur la règle générale et sur la première, la seconde et la troisième exception. (Voyez n^{bs} 40, 41, 42, 43, 44 et 45).

L'élève mettra au féminin les adjectifs masculins qui suivent.

Poli. grand. patient. gai. nu. pur. prudent. sourd. avare. utile. agréable. charmant. honnête. modeste. fort. brut. tranquille. laid. certain. fidèle. petit. rond. aveugle. rouge. vert. cruel. vermeil. ancien. chrétien. coquet. muet. discret. complet. mignon. bouffon. nul. gentil. gros. gras. sot. vieillot. paysan. flatteur. trompeur. adulateur. protecteur. inférieur. intérieur. majeur. mineur. meilleur. riche. savant. bon. parfait. pareil. inquiet. léger. secret. pauvre. joli. joueur. docile. haut. moqueur. noir. abondant. accusateur. large. brillant. supérieur. naturel. ardent. aimable. boudeur. tracassier. sujet. créateur. extérieur. dévot. fripon. civil. buveur. supérieur. guerrier. fier. indiscret. fertile. sensé. nouvel. grondeur. net. brillant. fidèle. dormeur. prêteur. conducteur. annuel. agréable. innocent. affable. commun. criminel. parleur. délicat. sincère. farceur. concret. dénonciateur.

Exercice sur la quatrième, la cinquième et la sixième exception (voyez n°s 46, 47, 48 et 49), et sur les exceptions précédentes.

L'élève mettra au féminin les adjectifs masculins qui sont ci-après.

Attentif. bref. sensible. hardi. généreux. courageux. jaloux. froid. doux. replet. faux. coupable. préfix. muet. roux. dévoué. vieux. beau. nouveau. perfide. mou. vigoureux. fou. meilleur. blanc. franc. grand. frais. sec. heureux. public. caduc. menteur. concret. turc. grec. saint. long. nul. mineur. mauvais. bénin. malin. merveilleux. favori. clair. double. châtain. plaisant. gros. gentil. fat. excessif. dispos. positif. ombrageux. extérieur. sourd. noble. massif. passager. conducteur. vigoureux. noir. neuf. éternel. douillet. ravissant. fécond. oblong. tapageur. vieux. rond. plaintif. méchant. réel. valeureux. profond. rouge. adulateur. causeur. rancunier. vindicatif. replet. orgueilleux. gris. épais. muet. chagrin. instructif. satisfait. majeur. subtile.

Nota. Certains adjectifs qui figurent dans l'exercice qui précède ne s'employant pas au féminin, l'élève en devra faire la remarque.

Autre exercice sur la formation du féminin dans les adjectifs.

L'élève mettra au masculin les adjectifs féminins qui suivent.

Grande. grosse. mauvaise. honnête. bonne. labo-

rieuse. craintive. joueuse. longue, favorite. molle.
vermeille. ancienne. menteuse. fraîche. modeste. active. franche. belle. malheureuse. neuve. sèche. jalouse. hardie. mortelle. vieille. tardive. débitrice.
fausse. discrète. nulle. intérieure. rousse. grecque.
bénigne. turque. naïve. meilleure. tendre. sotte.
muette. paysanne. pareille. délicieuse. petite. vaste.
gentille. vieillotte. inquiète. menteuse. créatrice.
préfixe. blanche. supérieure. noueuse. folle. nette.
jalouse. neuve. complète. chère. maligne. considérable. plaintive. conservatrice. épaisse. courageuse.
rétive. cher. coquette. oblongue. douce. docile, dernier. friponne. dormeuse. paternelle. furieuse. maligne. curieuse. caduque. indiscrète.

FORMATION DU PLURIEL DANS LES ADJECTIFS.

Exercice sur la règle générale et sur la première, la deuxième et la troisième exception. (Voyez nᵒˢ 50, 51, 52, 53 et 54.)

L'élève mettra au pluriel les adjectifs suivants :

Eternel. avare. indulgent. fidèle. petit. petite.
habile. frais. grasse utile. mauvais. mauvaise. vain.
vieux. doux. franc. modéré. beau. vrai. nouveau.
nouvelle. léger. ancien. moral. morale. heureux. national. savant. loyal. public. flatteur. flatteuse. amical.
final. ingrat. épais. jumeau. désireux. meilleur. long.
longue. principal. grec. courageux. matinal. grand.
cher. jaloux. original. glacial. facile. élégant.

blanc. excessif. excessive. avantageux. avantageuse. final. finale. faux. fausse. pervers. perverse.
muet. muette. créateur. créatrice. paresseux. pares-
seuse. méridional. méridionale. gris. grise. captif.
captive. conjugal. conjugale. favori. favorite. supérieur. supérieure. excusable. grande. général.
générale. roux. rousse. trompeur. trompeuse.
préfix. bon. bonne.

Exercice sur le même sujet.

L'élève mettra au masculin singulier les adjectifs masculins pluriels qui suivent.

Moraux. affables. jaloux. nouveaux. vieux. charmants. bancals. courageux. gros. longs. frais. nu-
méraux. inventeurs. égaux. bienfaisants. frugals.
faux. grecs. gras. jaloux. grands. francs. discrets.
généraux. utiles. peureux. rivaux. muets. meilleurs.
épais. envieux. finals. royaux. roux. nationaux. sages. parfaits. mauvais. fondamentaux. heureux. publics. savants. jumeaux. secrets. matinals. immo-
raux. froids. capables. gris. vaniteux. méridionaux.
ardents. bons. agréables. navals. gracieux. inno-
cents. beaux. ronds. turcs. intéressants. paisibles.
mous. secs. merveilleux. dispos. expressifs. vigoureux. originaux. aimables. pervers. loyaux. intéressants. nasals. chaleureux. gentils. bis. naïfs. divers.
doux. nasals. précieux. conjugaux.

ACCORD DE L'ADJECTIF AVEC LE SUBSTANTIF.

Exercice sur l'accord de l'adjectif avec un seul substantif. (Voyez n° 55.)

Dans cet exercice et dans le suivant, l'élève remplacera le tiret par l'adjectif énoncé précédemment, qu'il fera correspondre, pour le genre et pour le nombre, avec le substantif placé avant le tiret.

Un homme savant, une femme —, des hommes —, des femmes —. Un fleuve profond, une rivière —, des fleuves —, des rivières —. Un discours modeste, une parole —, des discours —, des paroles —. Un champ vaste, une campagne —, des champs —, des campagnes —. Un tigre cruel, une hyène —, des tigres —, des hyènes —. Un arbre productif, une plante —, des arbres —, des plantes —. Un bois épais, une forêt —, des bois —, des forêts —. Un chemin long, une route —, des chemins —, des routes —. Un habit neuf, une veste —, des habits —, des vestes —. Un principe éternel, une vérité —, des principes —, des vérités —. Un homme sensé, des femmes —. Un visage inquiet, une figure —, des visages —, des figures —. Un projet sage, une résolution —, des projets —, des résolutions —. Un écolier discret, une écolière —, des écoliers —, des écolières —. Un récit intéressant, une histoire —, des récits —, des histoires —. Un soldat courageux, une troupe —, des soldats —, des troupes —. Un principe général, une règle —, des principes

—, des règles —. Un compliment flatteur, une réponse —, des compliments —, des réponses —.

Exercices sur le même sujet.

Un abricot mûr, une poire —. Des droits égal,
des mesures —. Une vertu immortelle, un mérite
—; un héros grec, une héroïne —. Un plaisir vif
et nouveau, des plaisirs — et —. Un enfant sourd et
muet, une fille — et —. Un mariage avantageux et
secret, une union — et —. Un cheval fougueux et
rétif, une jument — et —, des chevaux — et —, des
juments — et —. Un air franc et malin, une physio-
nomie — et —, des airs — et —, des physionomies
— et —; un écolier docile et sage, une écolière —
et —, des écoliers — et —, des écolières — et —.
Des cours publics, des leçons. — Des joies fol et
excessif. Une ame supérieur et fier, des ames — et
—. Des pays divers, des contrées —. Des usages
nouveau, des coutumes —. Le daim est timide et
craintif, la biche est — et —. Les créatures méchant
sont soupçonneux et vindicatif. Ce garçon est doux
et naïf, ces filles sont — et —. Les voyages sont in-
structifs et amusants, les lectures sont — et —. La
campagne est belle et fertile, les champs sont — et
—. Le combat fut long et désastreux, la guerre fut
— et —.

Exercices sur l'accord de l'adjectif avec deux
ou plusieurs substantifs. (Voy. n° 56.)

L'élève fera accorder chaque adjectif avec les substantifs
qu'il qualifie, conformément à la règle 56.

Le champ et le jardin fertile. L'œillet et le lis odo-
rant. La tourterelle et la colombe timide. Une place
et une vue spacieux. Un manteau et un habit neuf.
Une comédie et une tragédie intéressant. Un père et
une mère tendre. Une robe, un châle et un voile
blanc. Une femme et un homme heureux. Le mérite,
le talent et la modestie sont rare. La colère et la vengeance sont odieux. Le repos et la distraction sont
nécessaire. Le maître et la maîtresse sont intelli-
gent. Le frère, la sœur et leur ami sont instruit. Le
temps et l'argent utile. Le teint et la joue vermeille.
Le faisan et la caille sont délicat. Une noblesse et un
goût parfait. Un conte et un roman charmant. La
jambe et la main nu. La chaleur et le froid excessif.
Dieu et ses œuvres sont éternel. La France et l'Angleterre sont puissant. Son savoir, sa bonté et sa
douceur sont peu commun. Un travail et une application continuel. Le riche et le pauvre sont égal devant la loi. La vertu et le mérite sont digne de nos
hommages. Un maintien et un langage modeste et
respectueux. Des embarras et des peines continuel.
La rose et le jasmin sont odoriférant.

MODÈLE D'ANALYSE.

Le palais et le château magnifiques. La mère et la fille reconnaissantes. Le froid et la chaleur extrêmes. Le mérite et la modestie sont rares.

Le.............. art. masc. sing.
palais........... subst. comm. masc. sing.
et............... conjonction.
le.............. art. masc. sing.
château......... subst. comm. masc. sing.
magnifiques..... adj. qualif. masc. plur.
La............. art. fém. sing.
mère........... subst. comm. fém. sing.
et............. conjonction.
la............. art. fém. sing.
fille.......... subst. comm. fém. sing.
reconnaissantes. adj. qualif. fém. plur.
Le............. art. masc. sing.
froid.......... subs. comm. masc. sing.
et............. conjonction.
la............. art. fém. sing.
chaleur........ subst. comm. fém. sing.
extrêmes....... adject. qualif. masc. plur.
Le............. art. masc. sing.
mérite......... subst. comm. masc. sing.
et............. conjonction.
la............. art. fém. sing.
modestie....... substantif comm. fém. sing.
sont........... verbe.
rares.......... adject. qualif. masc. plur.

RÉCAPITULATION

Sur le genre, le nombre et l'accord des adjectifs.

L'élève corrigera les fautes qui se trouvent dans cet exercice.

L'industrie est la main droit de la fortune. Il y a des lois fondamental qu'on ne peut changer sans pé-

2

ril ; mais toutes ne sont pas perpétuel, inaltérable. Une ame froid et léger ne tient ordinairement à rien. La beauté est fugitif. Les hommes sage sont prévoyant. La terre natal a des charmes pour tous les cœurs sensible. La vie entier d'un homme ne lui suffit pas pour faire une étude complet de l'histoire général. Il n'est pas d'origine si bas ni si vil que les grand talents et les haut vertus ne puissent faire oublier. Une figure spirituel et douce est une recommandation personnel. Le cœur et l'esprit de l'homme sont inconstant. Les peuples méridional sont fort carnassier en comparaison des peuples septentrional. La joie la plus doux ne va pas sans tristesse. Les vieux romanciers ont rendu presque fabuleux l'histoire de la chevalerie. Les lapins privé ne se nourrissant que de chou ont la chair mou et peu délicat. Malheur à ceux qui ont méconnu les pur lumière du Christianisme, et que de faux clartés ont égarés.

L'histoire ancien est aussi intéressant que l'histoire moderne. Les personnes doué d'une imagination capricieux et fou sont rarement heureux. Le cultivateur redoute les effets de la lune roux. Une ame noble est toujours sincère et franc ; toutes les vérités qui lui sont connues, elle les rend public quand elle juge qu'elles sont bon et utile. Les ligues grec avaient été formées pour la sûreté et le bonheur commun. Les ames bas sont haineux et vindicatif. La vieillesse est pensif, craintif, et attentif à tout ce qui peut menacer son existence fugitif. Les connaissances

de l'homme sont superficiel ou imparfait. La nuit
paraît long à la douleur qui veille. Une fermeté doux
ressemble à une barre de fer recouvert de velours.
Le temps et la mort sont impitoyable. Heureux celui
qui est irréprochable dans sa vie privé et dans sa vie
public. L'adversité qui paraît si cruel est souvent
une heureux école. Si les repas des Spartiates étaient
frugal, c'était plutôt par vertu que par nécessité. La
cire blanc n'est pas aussi mou que la cire jaune. Une
pensée fou peut nous pousser à une détermination
plus fou encore. La montagne et la plaine sont couvert d'herbes frais et d'excellent et gras pâturages.
La vieillesse caduc est souvent à charge à elle-même.
Une beau action est celle qu'on peut nommer une bon
action. Aucune fleur n'est aussi joli qu'une rose frais
et vermeille. Il y a peu de personnes assez exempt de
préjugés pour discerner les vrai biens des maux réel.
Des manières poli et prévenant rendent les bon
raisons meilleur et font passer les mauvais.

———

La félicité public est le résultat d'une bon administration. Une chevelure blond devient presque toujours châtain. Faites de l'Evangile votre
lecture favori. La guerre civil est le règne du crime.
L'affabilité grimacier n'est qu'une gaze léger étendue
sur une ame faux. Les jeunes gens vif, turbulent et
emporté ne songent qu'à se satisfaire. Tout ce qui
passe les bornes ne peut avoir une long durée.
Les personnes doué d'une sensibilité excessif sont
sujet à de grand chagrins. Nous nous faisons des joies

artificiel, et nous n'aspirons qu'après des voluptés trompeur. Les terres sec et sablonneux donnent les meilleur fruits. Heureux celui qui a l'esprit et la conscience tranquille ! Une épigramme doit être terminée par une pensée fin et malin. De beau dehors couvrent souvent des inclinations bas et honteux. Les mortels naissent égal ; c'est la vertu et le mérite qui les rendent différent. Le proverbe : tel père, tel fils ; et tel mère, tel fille, n'est pas d'une vérité général et absolu. La chèvre est vif, capricieux et vagabond. Le pain est le meilleur de tous les aliments végétal. La sot vanité semble être une passion inquiet de se faire valoir par les moindre choses. L'humilité est la preuve la plus vrai des vertus chrétien. Sémiramis, veuf de Ninus, gouverna ses États avec une sagesse et une habileté admirable. Les physionomies sont souvent trompeur : celles qui semblent les plus franc cachent parfois une ame faux et dangereux.

––––––

Le monde s'est échappé des mains créateur de Dieu. Toute personne qui se montre discret se fait aimer ; on fuit celle qu'on sait indiscret. La philosophie païen a érigé en vertus certain vices grossier. Une estime mutuel est le fondement d'une long amitié. Cette fée parut sous les traits d'une petite femme, vieillot, vif et aimable. Les mauvais inclinations sont dans l'ame comme les mauvais grains dans la terre. La raison du plus fort est souvent la meilleur. Une élévation et une autorité excessif s'écroulent quelquefoir sous leur propre poids. Les gens de vertu moyen ou douteux sont souvent plus sévère que les autres. On ne conçait les bon sources que dans la sécheresse, et les bon amis que dans l'adversité. La gaieté règne plutôt dans les repas frugal que dans les festins somptueux. Le temps et la patience sont indispensable à l'homme qui veut faire de grande choses. Celui qui a porté atteinte à la tranquillité et à la félicité public ne doit pas s'attendre à une vie doux et heureux. Dans les peines léger on aime à épancher son cœur ; quand elles sont vif et excessif, on aime à les tenir secret. À une sot question on fait souvent une sot réponse. La chétif pécore s'enfla si fort qu'elle creva. L'opinion public ne se trompe jamais dans ses jugements. La conscience témoin de nos fautes sait toujours nous les rappeler. Les grand phénomènes de la nature annoncent une puissance et une intelligence surnaturel.

Exercice sur les adjectifs déterminatifs. (Voyez le n° 57 et les suivants, jusqu'à 67 inclus.)

L'élève désignera, en les soulignant, les adjectifs déterminatifs qui existent dans cet exercice.

Un tombeau est un monument placé sur les limites de deux mondes. Ce prince a mérité l'amour de ses sujets. Mon père est mon meilleur ami. Chaque pays a ses usages. Quelle vertu, quel héroïsme on vit éclater chez les premiers chrétiens ! Nul homme ne peut dire : Je n'ai commis aucune faute. Voyez ce papillon : sa mort fut un sommeil, et sa tombe un berceau. L'hectogramme est la dixième partie du ki-

logramme. Nos désirs augmentent avec notre richesse. Quelques fautes que nous ayons commises,
ne désespérons pas de la miséricorde divine. Ces
grands conquérants que l'on admire semblent nés
pour la destruction du monde. Ne nous reposons
pas sur la vertu de nos pères : soyons nous-mêmes
gens de biens. Quel bras vous suspendit, innombra-
bles étoiles ? Sois maître de tes passions, si tu veux
être heureux. Cette fortune dont tu sembles si fier
peut t'être enlevée en un instant. L'homme ne trouve
nulle part son bonheur sur la terre. Tarquin fut le
septième roi de Rome. Quelques talents que vous
possédiez, n'en tirez pas vanité. La terre a neuf mille
lieues de tour. Tâchez d'être tel que vous devez
être. Tous les hommes sont égaux devant Dieu.
Thèbes avait cent portes, par chacune desquelles
pouvaient sortir dix mille combattants. L'ignorance
des mots tient presque toujours à l'ignorance des
choses mêmes.

Exercice sur le même sujet.

L'élève fera connaître le nom, le genre et le nombre de
chacun des adjectifs déterminatifs énoncés ci-après.

Dix. vingt. quinzième. centième. ce. ces. cette.
mon. ton. ta. ses. notre. leur aucune. tous. quels.
plusieurs. nos. trente. cet. toutes. ses. ces. même.
huitième. mes. mêmes. quelque. vos. tel. cent. ma.
quelconque. leurs. telle. son. quelques. sa. tren-
tième. nulle. douze. chaque. aucun.

MODÈLE D'ANALYSE.

Cinq soldats. Votre ami. Votre fille. Cet enfant. Aucune tentative. Le quatrième chapitre. Plusieurs armées.

Cinq. . . . adj. numéral cardin. masc. plur.
soldats . . subst. comm. masc. plur.
Votre . . . adject. possess. masc. sing.
ami . . . . . subst. comm. masc. sing.
Votre . . . adject. possess. fém. sing.
fille . . . . . subst. comm. fém. sing.
Cet . . . . . adj. démonstr. masc. sing.
enfant . . . subst. comm. masc. sing.
Aucune . . adj. indéfini fém. sing.
tentative. subst. comm. fém. sing.
Le . . . . . . art. masc. sing.
quatrième adj. num. ord. masc. sing.
chapitre . subst. comm. masc. sing.
Plusieurs adject. indéf. fém. plur.
armées . . subst. comm. fém. plur.

CHAPITRE IV.

DES PRONOMS.

Exercice sur les pronoms en général. (Voyez depuis le numéro 68 jusqu'au n° 79 inclus.)

L'élève indiquera, en les soulignant, les pronoms qu se trouvent dans l'exercice suivant.

Nous devons aimer ceux qui nous font du bien. Vous imiter, vous plaire est toute mon étude. Epargner les plaisirs, c'est les multiplier. Il faut aimer ceux qui nous aiment. Les jeunes gens disent ce qu'ils font, les vieillards ce qu'ils ont fait, et les sots ce qu'ils ont envie de faire. L'égoïste, n'aimant que lui, n'est aimé de personne. Pardonnez les fautes d'autrui, pour qu'on vous pardonne les vôtres. Quiconque n'aperçoit pas ses fautes ne peut s'en coriger. On perd tout le temps qu'on peut mieux employer. Un plaisir dont on est assuré de se repentir ne peut jamais être tranquille. Tout ce qui nous enchante s'évanouit avec nous. Excusez les défauts de vos amis ; n'avez-vous pas les vôtres ?

Exercice sur le même sujet.

anter sa race, c'est louer le mérite d'autrui, et non le sien. La première loi à laquelle nous devons obéir, c'est celle de l'honneur. Heureux celui qui respecte les lois : la paix est avec lui. Ceux qui donnent des conseils doivent aussi en recevoir volontiers. Nulle paix pour l'impie : il la cherche, elle le fuit. Tout ce qui nous ressemble est parfait à nos yeux. O Dieu de vérité, quand tu parles, je te crois. Dieu t'a fait pour l'aimer, et non pour le comprendre. Comment l'égoïste aimerait-il ses semblables, lui qui n'a jamais aimé personne ? Quand nous persécutons l'homme de bien, nous faisons la guerre au ciel. Quelque puissant que vous soyez, n'oubliez pas que vous êtes homme. L'enfant à qui tout cède est le plus malheureux. On a souvent tort par la façon dont on a raison. Quiconque attend un malheur certain peut déjà se dire malheureux. Les langues ont chacune leurs bizarreries. Il est rare que nous avouions nos défauts, quoique nous ayons chacun les nôtres. La meilleure leçon est celle des exemples.

Exercice sur les pronoms personnels.
(Voyez le numéro 72.)

L'élève, en copiant cet exercice, désignera chaque pronom personnel, et en indiquera la personne, comme dans cet exemple : *Il te parle de moi.* — *Il* (pron. pers. 3ᵉ pers.) *te* (pron. pers. 2ᵉ pers.) *parle de moi* (pron. pers. 1ʳᵉ pers.)

Je chéris l'étude. Tu travailles avec zèle. Il observe. Nous irons à la campagne. Vous avez écrit une lettre. Ils sont instruits. Elle m'estime. Je le respecte. Il nous répondra. Je vous approuve. Tu leur témoignes de l'amitié. Elles en parleront. Vous lui direz la vérité. Il se blessa. Nous y consacrons nos loisirs. Elles te trompent. C'est toi et eux que j'ai vus. Chacun pense à soi. Tu ne m'aimes pas, moi qui suis ton ami. Nous les accompagnerons. Il a eu tort, il le dit lui-même. Être trop mécontent de soi est une faiblesse ; en être trop content est une sottise. Je connais le malheur et j'y sais compatir. Que de gens ne voient leurs amis que quand ils ont besoin d'eux.

Exercice sur LE, LA, LES, *pronoms personnels, et* LE, LA, LES, *articles.* (Voyez le numéro 73.)

L'élève distinguera le pronom personnel de l'article par une explication mise après chacun des mots *le, la, les.* Exemple : *La France est productive.* — *La* (art. fém. sing.) *France est productive. Plusieurs fleuves la fertilisent.* — *Plusieurs fleuves la* (pron. pers.) *fertilisent.*

Le Mexique est un beau pays ; je le visiterai bientôt. La géographie est une science utile ; tu la cultives avec plaisir. Les hommes modestes sont rares ; nous les estimons infiniment. Aimons la vérité ; aimons-la par-dessus tout. Vous avez vu les monuments de Rome ; vous les admirez. Le livre que vous me prêtez, je le lirai avec empressement. Chéris les auteurs de tes jours, et honore-les. Le vrai bien n'est qu'au ciel, il le faut acquérir. Les succès couvrent les fautes, les revers les rappellent. Heureux celui qui aime le séjour de la campagne, et qui le préfère au séjour de la ville !

Exercice sur les pronoms démonstratifs.
(Voyez le numéro 74.)

L'élève, en copiant cet exercice, désignera les pronoms démonstratifs par les mots abrégés *pr. démonst.*, placés après chacun de ces pronoms. Il en fera autant pour les pronoms personnels qui se trouveront dans l'exercice, et pour ces derniers il indiquera en outre la personne.

Ce que j'admire le plus, c'est le courage dans l'adversité. Celui qui remplit ses devoirs a des droits à l'estime des honnêtes gens. Celui-ci est doux et modeste ; celui-là est méchant et fier. Ceci me convient, cela m'est inutile. Celui qui rend un service doit l'oublier, celui qui le reçoit, s'en souvenir. On ne doit s'appliquer qu'à ce qui peut être utile. Ceux qui font des heureux sont les vrais conquérants. Ce ne sont ni les arts ni les métiers qui peuvent dégrader l'homme, ce sont les vices. Les défauts de ce prince étaient ceux d'un homme aimable, et ses vertus celles d'un grand homme. Je n'aime pas ceci, donnez-moi cela. Avez-vous lu les ouvrages de Racine et de Bossuet? Celui-ci était un grand orateur et celui-là un grand poële. Les meilleures leçons sont celles de l'expérience. Un grand prince est celui qui rend son peuple heureux.

Exercice sur CE, *pronom démonstratif, et* CE, *adjectif démonstratif.* (Voyez le numéro 75.)

L'élève distinguera l'adjectif démonstratif du pronom démonstratif, en indiquant après chaque mot *ce* la nature de ce mot, ainsi qu'il l'a fait dans l'exercice sur *le, la, les*, articles, et *le, la, les*, pronoms.

Ce tableau est le plus bel ouvrage de Raphaël. Ce qui me plaît, c'est le mérite uni à la modestie. Ce fleuve arrose les plus riches campagnes. C'est un poids bien pesant qu'un grand nom à soutenir. Ce livre est ce que j'ai lu de mieux écrit. Ce dont on convient n'est pas toujours ce qu'on fait. La brillante gaîté, ce fard de la nature, anime la jeunesse et rajeunit les vieillards. Ce travail n'est pas ce à quoi vous êtes propre. Sont-ce les années qui donnent de l'expérience? N'est-ce pas plutôt l'habitude et la réflexion?

Exercice sur les pronoms possessifs.
(Voyez le numéro 76.)

L'élève désignera les pronoms possessifs par une explication mise après chacun de ces pronoms. Il en fera de même pour les pronoms démonstratifs et pour les personnels. Pour ces derniers, l'élève indiquera de quelle personne ils sont.

Votre cheval est bon, mais je préfère le mien. Ce

n'est pas mon affaire, c'est la tienne. L'Elbe a son
cours en Allemagne, la Seine a le sien en France.
C'est son opinion, mais ce n'est pas la nôtre. Ce bâti-
ment est plus grand que le vôtre. C'est votre avantage et le leur. J'ai reçu votre lettre, et la mienne ne
vous est pas parvenue. Vous avez vos ridicules, nous
avons aussi les nôtres. Qui n'a pas de défauts? Tous
les hommes ont les leurs. Les sentiments de mon
ami et les vôtres sont extrêmement louables. Je leur
ai prêté mes livres, ils m'ont refusé les leurs. Nous
devons passer aux autres leurs travers, comme ils
nous passent les nôtres. Ce ne sont pas nos affaires,
ce sont les vôtres.

Exercice sur les pronoms relatifs.
(Voyez les numéros 77 et 78.)

Dans cet exercice chaque pronom relatif devra être désigné, ainsi que son genre, son nombre, sa personne et son
antécédent, comme dans ces exemples : *Moi qui vous favo-*
rise. — *Moi qui* (pron. relatif de la 1ᵉ pers. du masc. sing.
ayant pour antécédent *moi*, *vous favorise.* Les hommes dont
j'admire le génie. — *Les hommes* DONT (pron. relatif de la
3ᵉ pers. du masc. plur. ayant pour antécédent *les hommes*)
j'admire le génie. — L'élève désignera également les pronoms personnels, les démonstratifs et les possessifs qui se
trouveront dans l'exercice.

Celui qui veut être heureux doit dompter ses passions. Les richesses que nous recherchons avec tant
d'empressement peuvent se perdre en un instant. La
chose à quoi l'avare pense le moins, c'est à secourir
les pauvres. Il n'y a rien dont Dieu ne soit l'auteur.
Les Lapons ont un gros chat auquel ils confient

tous leurs secrets. L'amitié est une ame qui habite deux corps, un cœur qui habite deux ames. Un grand cœur est aussi touché des avantages qu'on lui souhaite que des dons qu'on lui fait. La chose à quoi les hommes songent le moins, c'est la mort. Les personnes dont on parle le moins ne sont pas toujours celles qui ont le moins de mérite. La première loi qu'on doit suivre est celle de l'honneur. La récompense à laquelle l'honnête homme a droit, c'est l'estime de ses semblables. La bonne éducation de la jeunesse est une chose dont dépend la félicité des peuples. Remercions Dieu à qui nous devons tout ce que nous possédons. Il n'y a pas de mal dont il ne naisse un bien. On finit par vaincre les obstacles contre lesquels on s'accoutume à lutter. L'esprit retourne au ciel dont il est descendu. Il n'y a pas un honnête homme qui voulût faire usage du moyen par lequel un intrigant est arrivé à la fortune. Les leçons de la sagesse auxquelles tant d'autres doivent leur bonheur, ne produiront-elles rien sur vous?

Exercice sur les pronoms indéfinis.
(Voyez le numéro 79.)

L'élève désignera chacun des pronoms indéfinis qui se trouvent dans cet exercice, et fera la même chose pour les autres pronoms qui y figurent.

Quiconque n'est pas maître de soi ne peut être maître des autres. On ne surmonte le vice qu'en le fuyant. Chacun de nous a ses vertus et ses vices. Quelqu'un a-t-il jamais douté sérieusement de l'exis-

tence de Dieu? L'honnête homme est discret; il remarque les défauts d'autrui, mais il n'en parle jamais. J'ai lu l'Iliade et l'Énéide; j'admire l'une et
l'autre. Les hommes, au lieu de se détester, de-
vraient s'aimer les uns les autres. Les productions de
la nature ont chacune leur utilité. Personne n'est té-
méraire, quand il n'est vu de personne. Quiconque
sait borner ses désirs est toujours assez riche.
L'exactitude du dessin et le naturel du coloris sont
deux mérites qui ont chacun leurs partisans. Ne fais
pas à autrui ce que tu ne voudrais pas qu'on te fît.
Virgile et Horace s'estimaient et s'aimaient l'un
l'autre. On a beau faire, la vérité perce toujours.
Quiconque chérit son erreur ne la veut pas connaître. Corneille et racine se sont immortalisés l'un et
l'autre. Quiconque est trop content de soi n'est jamais content de personne. On travaille pour soi en
faisant du bien à autrui.

MODÈLE D'ANALYSE.

Je. Tu. Il. Elle. Nous. Vous. Ils. Elles. Celui. Celle.
Ceux-ci. Le nôtre. La nôtre. Les vôtres. Moi qui. Lui qui.
Eux qui. Moi que. Nous que. On. Chacun.

Je....... pron. pers. 1ʳᵉ personne du masc. sing. (1).
Tu...... pron. pers. 2ᵉ personne du masc. sing.

---

(1) Toutes les fois qu'un pronom n'aura qu'une même
forme pour les deux genres, comme *je*, *tu*, *nous*, *vous*, et
que rien n'indiquera qu'il représente un sexe plutôt qu'on
autre, nous le considérerons comme étant du genre masculin.

Il....... pron. pers. 3e personne du masc. sing.
Elle...... pron. pers. 3e personne du fém. sing.
Nous.... pron. pers. 1re personne du masc. plur.
Vous.... pron. pers. 2e pers. du masc. plur.
Ils....... pron. pers. 3e pers. du masc. plur.
Elles.... pron. pers. 3e personne du fém. plur.
Celui.... pron. dém. 3e pers. du masc. sing.
Celle.... pron. dém. 3e pers. du fém. sing.
Ceux-ci.. pron. dém. 3e pers. du masc. plur.
Le nôtre.. pron. possess. 3e pers. du masc. sing.
La nôtre.. pron. poss. 3e pers. du fém. sing.
Les vôtres pron. poss. 3e pers. du masc. plur.
Moi..... pron. pers. 1re pers. du masc. sing.
qui...... pron. relat. 1re pers. du masc. sing., ayant pour
          antécédent *moi*.
Lui..... pron. pers. 3e pers du masc. sing.
qui...... pron. relat. 3e pers. du masc. sing., ayant pour
          antécédent *lui*.
Eux..... pron. pers. 3e pers. du masc. plur.
qui...... pron. relat. 3e pers. du masc. plur., ayant pour
          antécédent *eux*.
Toi..... pron. pers. 2e pers. du masc sing.
que..... pron. relat. 2e pers. du masc. sing., ayant pour
          antécédent *toi*.
Nous.... pron. pers. 1re pers. du masc. plur.
que..... pron. relat. 1re pers. du masc. plur., ayant pour
          antécédent *nous*.
On...... pron. indef. 3e pers. du masc. sing.
Chacun... pron. indéf. 3e pers. du masc. sing.

CHAPITRE V.

DU VERBE.

Exercice sur le verbe en général. (Voyez n°⁰ 80 et 81).

L'élève désignera, en les soulignant, les verbes qui se
trouvent dans cet exercice.

Ne dites jamais : cette faute est légère, je puis la

commettre sans danger. L'expérience rend l'homme
sage, mais elle ne fait pas le grand homme. Celui
qui met un frein à la fureur des flots, sait aussi des
méchants arrêter les complots. Si quelqu'un a parlé
de toi avec légèreté, n'y fais pas attention ; si c'est
par folie, plains-le ; si c'est pour te faire injure, par-
donne-lui. Désirons-nous apprendre à bien mourir,
apprenons à bien vivre. La vertu dans les fers est
toujours la vertu. Ne faites pas aux autres ce que
vous ne voudriez pas qu'ils vous fissent. Heureux
ceux qui aiment à lire ! La franchise ne consiste pas à
dire tout ce que l'on pense, mais à penser tout ce
que l'on dit. Le temps passe, disons-nous ; nous nous
trompons : le temps reste, c'est nous qui passons.
Nous devons aimer les gens de bien. Il est fâcheux
que les hommes qui ont des richesses n'aient pas
toujours un bon cœur. L'homme s'incline, s'age-
nouille, rampe, glisse, nage, se renverse, se met
en boule, court, marche, saute, s'élance, descend,
monte, grimpe, est également propre à gravir au
sommet des rochers, à marcher sur la surface des
neiges, et à traverser les fleuves et les forêts. Les
inégalités du caractère influent sur le bonheur. La
faveur de la fortune sont comme les charmes de
la figure : on ne les conserve pas long-temps. Celui
qui ne sait pas se servir de la fortune, quand elle
vient, ne doit pas se plaindre, lorsqu'elle s'en va.

Exercice sur le sujet du verbe (Voyez n° 82, 83).

L'élève fera connaître le sujet de chacun des verbes qui sont dans l'exercice suivant, et après chaque sujet il indiquera à quel verbe le sujet appartient. Supposons cette phrase : *Nous lisons;* l'élève mettra : nous (*sujet de lisons*) lisons.

Nous étudions. Vous lisez. Je travaille. Le temps fuit. Le royaume florissait. Je dessinerai. Tu écrivis. Vous aviez brodé. Le ciel est pur. Le soleil brillait. Nous réussîmes. La terre tremblait. Tu répondras. L'été approche. Vous obéissez. Il aurait gémi. La foudre gronde. Le jour paraissait. Nous choisirions. Il dormira. Vous applaudîtes. Le pauvre souffre. Tu languissais. L'hiver arriva. Les troupes combattaient. Il mentait. Dieu est juste. Sa puissance étonne. Nous priâmes. Vous attendiez. Il accourut. Je suis malheureux. Tu écouteras. Le cheval galope. Les enfants jouent. J'appris. Nous avions langui. Que tu saches. Que vous comprissiez. La terre tourne. Les jours grandissent. Le lion rugit. Nous travaillerons. Les enfants sont légers. L'âme est immortelle. Nos soldats triomphèrent. Tu parles. La simplicité plaît. Il voyagera. Que nous sortissions. Le temps change. Le silence régnait. Vous réfléchissiez. Ils pardonnèrent. La joie éclata. Les anges apparurent. Nous viendrions. Le rossignol chantait. L'écho répondit. Vous êtes reconnaissant. Dieu dit , et la lumière fut.

MODÈLE D'ANALYSE.

Je travaille. Tu écris. Il combat. Le tonnerre gronde.
Nous lisons. Vous sortez. Ils répondent. Le soleil brille. Les
enfants jouent.

Je...... pron. pers. 1re pers. du masc. sing. sujet de
        travaille.
travaille. verbe.
Tu..... pron. pers. 2e pers. du masc. sing. sujet de *écris.*
écris..... verbe
Il...... pron. pers. 3e pers. du masc. sing. sujet de *combat.*
combat [1]. verbe.
Le...... art. masc. sing.
tonnerre. subst. comm. masc. sing. sujet de *gronde.*
gronde .. verbe.
Nous.... pron. pers. 1re pers. du masc. plur. sujet de *lisons.*
lisons ... verbe.
Vous.... pron. pers. 2e pers, du masc. plur. sujet de *sortez.*
sortez... verbe.
Ils..... pron. pers. 3e pers. du masc. plur. sujet de *ré-
        pondent.*
répondent. verbe.
Le ..... art. masc. sing.
soleil ... subst. comm. masc. sing. sujet de *brille.*
brille ... verbe.
Les..... art. masc. plur.
enfants.. subst. comm. masc. plur. sujet de *jouent.*
jouent. ... verbe.

———

Exercice sur le sujet et sur les compléments du verbe
(Voyez n°s 84, 85, 86 et 87).

L'élève désignera le sujet et le complément, indiquera le
verbe auquel ils se rapportent, et distinguera le complément
direct du complément indirect. Exemple : je donne une
récompense à cet élève. Je (*suj. de* DONNE) donne une RÉCOM-
PENSE (*compl. direct de* DONNE, à cet ÉLÈVE (compl. indirect
de DONNE).

Je chéris mes parents. Tu habites la campagne.

Dieu a créé l'univers. Alexandre vainquit Porus. Nous étudions la grammaire. Vous cultiviez les sciences. Ils remplissent leurs devoirs. Tu aimes tes amis. L'âge amortit les passions. Il apprend ses leçons. Vous obéissez aux lois. Le jour succède à la nuit. Nous arrivons d'Italie. Les rivières sortent des montagnes. Tu travailles pour la gloire. Nous naissons dans les pleurs. Nous vivons dans les plaintes. Nous mourons dans les regrets. Vous ferez l'aumône aux pauvres. Confions nos peines à nos amis. J'ai reçu une lettre d'Angleterre. La terre tire sa lumière du soleil. Rendez le bien pour le mal. La fourmi emplit ses magasins pendant l'été. Nous réservons nos récompenses pour les élèves studieux. Il accorde cette grâce à mes prières. Vous soumettrez toutes vos pensées à Dieu. Nous ressentîmes une grande douleur. Vous pardonnerez à vos ennemis. Ils secourent les infortunés; ils compâtissent à leurs peines. J'exhorte mes élèves au travail. Les lois punissent le coupable. La vertu conduit l'homme au bonheur. Les riches nagent dans l'abondance. La peste ravagea Marseille. Vous assistâtes à la revue. Le travail excite l'homme au sommeil.

MODÈLE D'ANALYSE.

Il aime ses parents. Nous habitons la campagne. La vieillesse mérite notre respect. Tu parles de ton frère. Nous allons à la ville. Cet enfant travaille à son instruction. Je donne une leçon à mes élèves. Votre frère a reçu deux lettres d'Angleterre.

Il . . . . . . pron. pers. 3e pers. du masc. sing. sujet de *aime.*
aime . . . . . verbe.

ses. .... adject. posses. masc, plur.

parents .... subst. comm. masc. plur. compl. direct de
         aime.

Nous ...... pron. pers. 1ʳᵉ pers. du masc. plur. sujet de
         habitons.

habitons .. verbe.

la .... art. fém. sing.

campagne. subst. comm. fém. sing. compl. direct de
         habitons.

La .... art. fém. sing.

vieillesse. subst. comm. fém. sing. suj. de *mérite.*

mérite. .... verbe.

nôtre ..... adject. posses. masc. sing.

respect. ... subst. comm. masc. sing. compl. dir. de *mérite.*

Tu ...... pron. pers. 2ᵉ pers. du masc. sing. sujet de *parles.*

parles .... verbe.

de. ...... préposition.

ton ...... adj. possess. masc. sing.

frère .... subst. comm. masc. sing. compl. indir. de
         parles.

Nous ..... pron. pers. 1ʳᵉ pers. du masc. plur. sujet de
         allons.

allons .... verbe.

à. .... préposition.

la .... art. fém. sing.

ville ..... subst. comm. fém. sing. compl. indir. de *allons.*

Cet ...... adj. démonst. masc. sing.

enfant .... subst. comm. masc. sing. sujet de *travaille.*

travaille .. verbe.

à. .... préposition.

son ...... adj. possess. fém. sing.

instruction subst. comm. fém. sing. compl. indir. de *tra-*
         vaille.

Je .... pron. pers. 1ʳᵉ pers. du masc. sing. sujet de
         donne.

donne. ... verbe.

une. ..... adject. numér. cardinal fém. sing.

leçon. .... subst. comm. fém. sing. compl. dir. de *donne.*

à. .... prép.

mes. ..... adject. possess masc. plur.

élèves .... subst. comm. masc. plur. complém. indir. de
         donne.

Votre .... adj. possess. masc. sing.

frère..... subst. comm. masc. sing. suj. de *a reçu.*
a reçu.... verbe....
deux..... adj. numér. cardinal fém. plur.,
lettres.... subst. comm. fém. plur. complém. dir. de *a*
   reçu.
de....... préposition.
Angleterre subst. propre fém. sing. complém. indir. de *a*
   reçu.

Exercice sur les compléments exprimés par des pro-
  noms (Voyez les n°s 88 et 89).

 Dans cet exercice l'élève opérera comme il a opéré dans l'exercice précédent.

 Quand un menteur dit la vérité, on ne le croit pas. J'aime l'étude, et je la préfère à la dissipation. L'espérance trompée nous accable et nous décourage. La modestie ajoute au talent qu'on renomme, elle le pare, elle l'embellit. L'instruction me charme. La modestie me plaît. La fortune nous a persécutés. Notre légèreté nous a nui. Je te récompenserai. Je te rendrai mon amitié. Le roi vous a comblés de faveur. Il vous a accordé toutes les grâces que vous avez désirées. La prospérité l'avait enflé, l'adversité l'abattit. On garde sans remords les biens qu'on acquiert sans crime. Les apparences nous trompent. Prêtez-moi les livres que je vous ai demandés. Le malheur allonge la vie, le bonheur l'abrége. L'étude me charme, et je lui dois mon bonheur. Aimons les hommes, et donnons-leur notre assistance. Quand un homme vous dit une injure, n'y faites pas attention. Le temps est court, profitons-en. Ecoutez celui qui vous parle; la politesse l'exige. Nous diminuons nos peines, quand nous les confions à nos amis. Chaque réflexion nous rappelle à nos devoirs.

ANALYSE.

Je vous estime. Il me trompe. Vous nous flattez. Le maître les récompense. Je vous prête mes livres. Nous lui obéissons. Il nous parle. Vous le lui adressez. Tu nous les confies.

Je....... pron. pers. 1re pers. du masc. sing. suj. de *es-time.*

vous..... pron. pers. 2e pers. du masc. plur. complém. dir. de *estime.*

estime.... verbe.

Il....... pron. pers. 3e pers. du masc. sing. suj. de *trompe.*

me...... pron. pers. 1re pers du masc. sing. compl. dir. de *trompe.*

trompe... verbe.

Vous.... pron. pers. 2e pers. du masc. plur. suj. de *flattez.*

nous..... pron. pers. 1re pers. du masc. plur. compl. dir. de *flattez.*

flattez.... verbe.

Le...... art. masc. sing.

maître... subst. comm. masc. sing. suj. de *récompense.*

les...... pron. pers. 3e pers. du masc. plur. compl. dir. de *récompense.*

récompense verbe.

Je....... pron. pers. 1re pers. du masc. sing. suj. de *prête.*

vous..... pron. pers. 2e pers. du masc. plur. compl. indir. de *prête.*

prête..... verbe.

mes...... adj. possess. masc. plur.

livres.... subst. comm. masc. plur. compl. dir. de *prête.*

Nous...\ pron. pers. 1re pers. du masc. plur. suj. de *obéis-sons.*

lui...... pron. pers. 3e pers. du masc. sing. compl. indir. de *obéissons.*

obéissons.. verbe.

Il....... pron. pers. 3e pers. du masc. sing. suj. de *parle.*

nous...... pron. pers. 1re pers. du masc. plur. comp. indir.
de *parle*.

parle...... verbe.

Vous...... pron. pers. 2e pers. du masc. plur. suj. de
adressez.

le........ pron. pers. 3e pers. du masc. sing. compl. dir.
de *adressez*.

lui....... pron. pers. 3e pers. du masc. sing. compl. indir.
de *adressez*.

adressez .. verbe.

Tu....... pron. pers. 2e pers. du masc. sing. suj. de
confies.

nous...... pron. poss. 1e pers. du masc. plur. compl. indir.
de *confies*.

les.......: pron. pers. 3e pers. du masc. plur. compl. dir.
de *confies*.

confies.... verbe.

Exercice sur le nombre et la personne des verbes.
(Voyez les numéros 93 et 94).

L'élève, après chaque verbe, en indiquera le nombre et
la personne. Exemples : *Je comprends* (1re pers. du sing.).
Tu lisais (2e pers. du sing.). *Il arrive* (3e pers. du sing.).
Nous sortirons (1re pers. du plur.). *Vous accourûtes* (2e pers.
du plur.), etc.

Je parle. tu lis. il donne. elle choisit. nous chan-
tons. vous lisez. ils rendent. elles finissent. je marche.
nous punissons. tu regardes. vous grandissez. il
bénit. ils étudient. tu avances. nous entendons. ils
bénissent. vous répondez. elles écrivent. nous pre-
nons. je travaille. vous recevez. tu arrives. nous
devons. tu attends. il implore. vous ternissez. je
suppose. vous priez. ils combattent. nous gémissons.
tu comprends. j'écris. nous fournissons. tu frappes.
vous apercevez. il vend. ils commandent. elles

jouent. vous avertissez. nous accourons. il mûrit.
elle estime. tu vieillis. je nomme. il porte. tu atten-
dris. nous fléchissons. tu protéges. il conçoit. je
souris. il regarde. le cheval galope. tu viens. l'enfant
pleure. elle dessine. nous peignons. le roi règne.
vous attendez. je supplie. l'ennemi fuit. nous offrons.
tu dors. vous répliquez. il prospère.

Exercice sur les modes et les temps des verbes. (Voyez
le numéro 95 jusqu'à 108 inclus.)

L'élève indiquera le nombre, la personne, le mode et le
temps des verbes suivants. Exemples : *Je marche* (1re pers.
du sing. du présent de l'indicatif) *nous donnerions* (1re pers.
du plur. du présent du conditionnel).

J'étudie. tu finissais. nous reçûmes. j'ai chanté.
nous eûmes parlé. j'avais songé. nous punirons. ils
auront voyagé. je recevrais. tu aurais guéri. supplie. réunissons. que j'aime. que j'implorasse. que
nous ayons vendu. que vous eussiez langui. vous
obtenez. nous reçûmes. j'avais dessiné. tu aurais
combattu. que nous vendissions. apprenons. tu en-
tends. vous porterez. ils avaient menti. vous eûtes
grondé. étudiez. j'aurais répondu. vous réussîtes.
les Romains triomphèrent.

Nota. Un certain nombre de verbes à l'infinitif étant
donnés par le maître, comme *penser, nourrir, recevoir, tendre,* l'élève mettra ces verbes au nombre, à la personne, au
mode et au temps que le maître indiquera.

Exercice sur la division des temps en temps simples et en temps composés, et sur la division des verbes par conjugaisons. (Voyez les numéros 109, 110, 111, 112, 113, 114, 115).

L'élève distinguera les temps simples des temps composés, et indiquera à quelle conjugaison appartient chaque verbe. Exemple : *Je chante* (temps simple, 1ʳᵉ conj.). *Tu auras uni* (temps composé, 2ᵉ conj.), etc.

Tu composes. Nous avons répondu. Il était estimé. Vous finirez. Ils attendront. Elles seront attendues. Vous réussirez. Nous souscrivons. Que vous chantassiez. Que vous fussiez aceueilli. Patiente. Lis. Que cette lettre soit lue. Nous avions résisté. Le temps fuit. Vous aviez voyagé. Tu respecteras tes parents. La foudre grondait. Quand nous eûmes fini, nous sortîmes. Je voudrais que vous étudiassiez avec application. Le ciel devient obscur. Les oiseaux gazouillent. Nos troupes ont vaincu. Notre résolution est prise. La vue du malheur émeut. Le monde a été créé en six jours. La guerre civile décima le royaume. L'intérêt divise les hommes. Les Tarquins furent bannis de Rome. Etudiez les auteurs anciens. Les soins donnés à un enfant augmentent l'attachement de ses parents. Les hommes en cédant à leurs passions finissent par en être subjugués.

VERBES AUXILIAIRES.

Exercice sur ces verbes. (Voyéz pagès 28 et 29.)

L'élève écrira, de mémoire, aux trois personnes du singulier et du pluriel, les temps désignés ci-après du verbe *avoir* et du verbe *être.*

Futur simple. imparfait de l'indicatif. imparfait du subjonctif. passé indéfini. conditionnel présent. plus-que-parfait du subjonctif. passé défini. conditionnel passé. passé antérieur. présent du subjonctif. futur antérieur. passé de l'infinitif. présent de l'indicatif. imparfait. participe présent. passé du subjonctif. participe passé.

Nota. Cet exercice étant d'une étendue assez considérable peut devenir l'objet de deux devoirs écrits.

DU VERBE ACTIF.

L'élève désignera, en les soulignant, les verbes actifs qui se trouvent dans cet exercice.

Nous aimons Dieu. Vous préférez l'étude au jeu. Ils tombèrent dans la misère. J'étudie la musique. Nous cultivons les arts. Vous nuisez à vos intérêts. La peinture me charme. Il succéda à son père. Vous remplissez vos devoirs. Ils soupirent après les richesses. Alexandre a régné sur les Macédoniens. Nous récompenserons les élèves studieux. Vous avez suivi mes conseils. Elle ira en Italie. Nous voyagerions. Respectez la vieillesse. Que vous encouragiez le mérite. Ils secourent les malheureux. La campagne nous plaît. On punit les élèves paresseux. La vertu excite notre admiration. La rivière déborda. Cet enfant sourit à sa mère. Turenne commandait l'armée. Vous affligez vos parents. Ils nous mécontentent. Ils vivent dans l'abondance. Vous me rendrez service. La mort nous menace. Cette maison nous convient. Écoutez les personnes sensées. Vous réfléchirez à ma proposition. L'homme sage entreprend les choses possibles. Le temps met un terme à nos souffrances. Nous courons après la fortune, et rarement nous l'attrapons. Les méchants vivent difficilement en bonne intelligence. On recherche les rieurs et je les évite.

CONJUGAISON DES VERBES ACTIFS.

Exercice sur la conjugaison de ces verbes. (Voyez pages 32 et suivantes.)

L'élève, après avoir conjugué sur les modèles donnés dans l'Abrégé, un certain nombre de verbes actifs des quatre conjugaisons, écrira, de mémoire, les verbes suivants aux temps désignés ci-après, et à la personne indiquée par le pronom qui précède l'infinitif.

Futur : (je) donner ; (nous) unir ; (tu) apercevoir; (vous) vendre; (il) contempler; (ils) punir; (nous) recevoir; (vous) attendre; (je) remplir; (tu) estimer; (il) entendre ; (nous) répandre ; (vous) blanchir ; (ils) fendre.

Passé défini : (nous) jouer ; (ils) concevoir; (vous) punir ; (je) défendre; (il) entendre; (tu) noircir.

Conditionnel présent : (ils) nouer; (vous) porter; (nous) fournir ; (il) attendre; (tu) louer ; (je) avertir.

Imparfait du subjonctif : (vous) marcher ; (nous) bénir; (tu) concevoir; (je) défendre; (il) vieillir; (ils) chanter.

Imparfait de l'indic. : (Je) daigner ; (tu) finir ; (il) tendre; (nous) louer ; (vous) recevoir ; (ils) confondre.

Plus-que-parf. du subj. : (Nous) charmer ; (vous) choisir ; (je) chanter; (il) répondre; (tu) emplir ; (ils) concevoir.

Plus-que-parf. de l'indic. : (Ils) marquer ; (vous) applaudir; (nous) apercevoir ; (je) répandre; (il) chérir ; (tu) frapper.

Présent du subj. : (Je) fouler ; (nous) grandir ; (tu devoir ; (vous) vendre ; (il) suer ; (ils) recevoir.

Passé indéfini : (Vous) ternir ; (tu) tendre; (nous) nommer ; (je) devoir ; (il) jouer ; (ils) confondre.

Impératif : Tuer (le temps entier); gémir (*idem*); défendre (*idem*); apercevoir (*idem*).

Passé du subj. : (Nous) avouer ; (vous) languir; (je) recevoir ; (il) attendre ; (tu) franchir ; (ils) nourrir.

Conditionnel passé : (Je) vendre ; (tu) devoir : (il) honorer; (nous) frapper; (vous) attendrir ; (ils) concevoir.

Participe présent : Désavouer ; chérir ; percevoir ; répandre.

NOTA. Nous laissons au maître le soin de préparer d'autres exercices rédigés sur le plan de celui qui précède. Ces exercices devront, pour le nombre et l'étendue, être proportionnés au degré d'instruction de l'élève.

OBSERVATION

SUR CERTAINS VERBES DE LA PREMIÈRE CONJUGAISON.

Exercice sur ces verbes (Voyez les n°ˢ 122, 123, 124,
125, 126, 127, 128 et 129).

L'élève corrigera les fautes qui ont été faites à dessein
dans les verbes de cet exercice.

Nous allégons nos maux en les racontant. Les ennemis ravagaient ces belles provinces. Ne proté-
gons que ceux qui le méritent. Eve manga du fruit
défendu, et engaga Adam à en manger à son tour.
En changant de pays, nous changons, sans nous
en apercevoir, d'humeur et d'habitudes. La lune
perca tout-à-coup l'obscurité dans laquelle nous
étions plongés. Quand Démosthènes prononcait une
harangue, ses gestes n'exercaient pas moins d'empire que ses paroles. Efforcons-nous de mériter
l'estime des honnêtes gens. Tracons sur le sable les
services que nous rendons, et sur l'airain ceux que
nous recevons. Ne rejettez sur personne les torts
que vous avez eus. Souvent la gloire s'achète au
prix du bonheur, et le plaisir s'achète au prix de la
santé. Le bonheur chancèle, lorsqu'il ne s'appuie que
sur la fortune. Les nuages s'amoncellèrent au-dessus de nos têtes, et les étoiles étincellèrent de tous
les points de l'horizon. Le changement renouvèle la
vie. Tout est nivellé dans le champ de l'éternité. On

double son bonheur en le partagant avec un ami.
Ne forcons pas notre talent. La mort nivèle tous les
rangs. La plupart des hommes projètent toute leur
vie, sans jouir jamais du fruit de leurs projets.
Que d'hommes végettent comme les plantes ! Le ciel
serait injuste s'il exaucait tous nos vœux. Nous ne
sommes jamais aussi aisément trompés, que quand
nous songons à tromper les autres. N'appellons pas
grand celui qui n'est pas maître de lui-même.

Exercice sur le même sujet.

On ne celle pas à Dieu les actions qu'on cellé au
monde. Celui qui révelle les secrets qu'on lui a con-
fiés mérite qu'on révelle les siens. Les gens de mérite
vivent, les autres hommes végettent sur la terre. La
mer empiette de jour en jour sur une partie de la
terre. Vous niiez aujourd'hui ce que vous certifiez
hier. Si nous sacrifions nos ressentiments, nous serions plus heureux. Il est impossible que nous n'ex-
pions pas nos fautes. Nous pliions notre caractère au
gré de nos intérêts. Il est rare que nous n'apprécions
pas ce que tout le monde estime. Nous cotoyons
cette île depuis deux jours, nous essayons vainement
d'y trouver un point où nous pussions aborder. Il ne
suffit pas que nous nettoyons notre corps, il faut que
nous purifions notre ame. Vos domestiques vous ser-
viraient mieux, si vous les rudoyez moins. Nous par-
donnons difficilement à ceux qui nous ennuyent.
Vous essayerez de tous les plaisirs, et vous verrez
que le plus durable est une occupation qui plaise.

Qui paye ses dettes s'enrichit. Le travail vient à bout de tout, et supplé à tout. Vous vous récrérez plus par la vue d'un malheureux que vous aurez obligé, que vous ne vous récrériez par la vue des meubles somptueux que vous pourriez acheter.

OBSERVATION

SUR CERTAINS VERBES DE LA SECONDE, DE LA TROI-
SIÈME ET DE LA QUATRIÈME CONJUGAISON.

Exercice sur ces verbes (Voyez les n^d 130, 131, 132, 133, 134.)

L'élève corrigera les fautes qui se trouvent dans les verbes de cet exercice.

Tous ces rameaux sont béni. Béni soient ceux qui voient dans les malheureux autant de frères. Ces drapeaux ont été béni par le pape. La postérité de Jacob a été béni de Dieu. Je haïs ceux qui n'aiment qu'eux-mêmes. Si nous sommes animés de sentiments chrétiens, nous hairons le péché, mais nous ne hairons pas le pécheur. Pourquoi hair, il est si doux d'aimer? Les beaux-arts fleurissaient en Italie sous les Médicis. Les lilas florissaient à peine quand les hirondelles ont apparu. La poésie était fleurissante et honorée sous Louis XIV. Ces champs qui étaient florissants il y a peu de jours, maintenant sont des-séchés et flétris. Ayons toujours pour les vieillards le respect qui leur est dû. Cette bonne mère a payé la somme dûe par son fils. Il a eu pour le malheur tous les égards qui lui sont dûs. Celui qui craind les reproches de sa conscience, ne craind pas les reproches des hommes. Un homme sage ne répont que de lui-même. L'égoïsme dissoud les liens de la société. Il est difficile d'apprendre ce que l'on ne comprent pas. L'homme qui enfreind les lois mérite un châtiment. Ce que la loi défent, le respect humain le défent aussi.

MODÈLE D'ANALYSE.

Dans l'analyse qui suit, on a eu soin d'indiquer le nombre, la personne, le temps, le mode, la conjugaison, le sujet, le complément de chaque verbe, et la nature du verbe, lorsqu'il est actif.

Je donne une récompense. Tu chériras tes parents. Il reçut une lettre. Nous leur nuisons. Vous avez commis une faute. Ils dormiraient. Cet espoir me console. Nos troupes triomphèrent de l'ennemi.

Je........ pron. pers. 1re pers. du masc. sing. suj. de *donne.*

donne..... verbe actif au présent de l'indic. 1re pers. du sing. 1re conjugaison.

une....... adj. num. card. fém. sing.

récompense. subst. comm. fém. sing. compl. dir. de *donne.*

Tu....... pron. pers. 2e pers. du masc. sing. suj. de *chériras.*

chériras... verb. act. au futur, 2e pers. du sing. 2e conjug.

tes .... adj. poss. masc. plur.

parents.... subst. comm. masc. plur. compl. dir. de *chériras.*

Il........ pron. pers. 3e pers. du masc. sing. sujet de *reçut.*

reçut...... verb. act. au passé défini 3e pers. du sing. 3e conj.

une....... adj. num. card. fém. sing.

lettre...... subst. comm. fém. sing. compl. dir. de *reçut.*

Nous...... pron. pers. 1ʳᵉ pers. du masc. plur. sujet de *nuisons.*

leur....... pron. pers. 3ᵉ pers. du masc. plur. compl. indir. de *nuisons.*

nuisons.... verbe au prés. de l'indic. 1ʳᵉ pers. du plur. 4ᵉ conj.

Vous...... pron. pers. 2ᵉ pers. du masc. plur. suj. de *avez commis.*

avez commis verb. act. au passé indéfini, 2ᵉ pers. du plur. 4ᵉ conj.

une....... adj. num. card. fém. sing.

faute...... subst. comm. fém. sing. compl. dir. de *avez commis.*

Ils....... pron. pers. 3ᵉ pers. du masc. plur. suj. de *dormiraient.*

dormiraient. verb. au condit. présent, 3ᵉ pers. du plur. 2ᵉ conj.

Cet....... adj. démonstr. masc. sing.

espoir..... subst. comm. masc. sing. sujet de *console.*

me....... pron. pers. 1ʳᵉ pers. du masc. sing. compl. dir. de *console.*

console.... verb. act. au prés. de l'indic. 3ᵉ pers. du sing. 1ʳᵉ conj.

Nos....... adj. poss. fém. plur.

troupes.... subst. comm. fém. plur. suj. de *triomphèrent.*

triomphèrent verb. au passé défini 3ᵉ pers. du plur. 1ʳᵉ conj.

de........ préposition.

le........ art. masc. sing.

ennemi.... subst. comm. masc. sing. compl. indir. de *triomphèrent.*

VERBES PASSIFS.

Exercice sur la conjugaison de ces verbes. (Voyez les nᵒˢ 146 et 147.)

L'élève, après avoir conjugué quelques verbes passifs sur le modèle qui se trouve dans l'Abrégé, mettra, de mémoire, les verbes suivants aux temps désignés ci-après, et à la personne indiquée par le pronom qui précède l'infinitif.

Imparf. de l'indic. : (je) être trompé; (tu) être puni;

3*

(il) être reçu ; (nous) être attendu; (vous) être trompé ;
(ils) être puni.

Imparf. du subj. : (je) être estimé; (nous) être chéri;
(tu) être entendu ; (vous) être grondé; (il) être lu; (ils)
être rendu.

Prés. de l'indic. : (je) être aperçu ; (il) être flatté ;
(vous) être averti; (ils) être vendu ; (tu) être invité;
(nous) être applaudi.

Présent du subj. : (il) être deçu ; (tu) être banni ; (je)
être congédié ; (ils) être honoré; (vous) être saisi ;
(nous) être entendu.

Futur : (nous) être uni; (vous) être aperçu; (il) être
vendu; (tu) être frappé; (ils) être fini; (je) être puni.

Condit. prés. : (il) être abandonné; (nous) être noirci;
(tu) être attendu ; (je) être loué ; (vous) être réuni ;
(ils) être deçu.

Impératif : Être flatté, être chéri, être reçu, être
nourri (à toutes les personnes du temps).

Plus-que-parf. de l'ind. (je) être récompensé ; (tu)
être guéri ; (il) être regretté; (nous) être aperçu ;
(vous) être attendri ; (ils) être défendu.

Plus-que-parf. du subjonct. : (je) être imploré;
(nous) être choisi ; (tu) être deçu; (il) être vendu ;
(nous) être écouté ; (ils) être terni.

MODÈLE D'ANALYSE.

Dans l'analyse des phrases suivantes, on a indiqué si le
verbe est actif ou passif, et désigné outre la personne, le
nombre, le temps, le mode et la conjugaison, le sujet et
le complément de chaque verbe.

Nous cultivons les lettres. Tu as été récompensé. Vous recevrez une lettre. J'étais accablé de chagrin. Il aime l'étude. Il est aimé de ses camarades.

Nous ... pron. pers. 1ʳᵉ pers. du masc. plur. suj. de *cultivons.*

cultivons verb. act. au prés. de l'indic. 1ʳᵉ pers. du plur. 1ʳᵉ conj.

les ...... art. fém. plur.

lettres ... subst. comm. fém. plur. compl. dir. de *cultivons.*

Tu ..... pron. pers. 2ᵉ pers. du masc. sing. suj. de *as été récompensé.*

as été récompensé verb. passif au passé indéf. 2ᵉ pers. du sing. 1ʳᵉ conj.

Vous ... pron. pers. 2ᵉ pers. du masc. plur. suj. de *recevrez,*

recevrez . verb. act. au futur, 2ᵉ pers. du plur. 3ᵉ conj.

une ...... adj. num. card. fém. sing.

lettre ... subst. comm. fém. sing. compl. dir. de *recevrez.*

Je .... pron. pers. 1ʳᵉ pers. du masc. sing. suj. de *étais accablé.*

étais accablé verb. pass. à l'imparf. de l'indic. 1ʳᵉ pers. du sing. 1ʳᵉ conj.

de ...... prép.

chagrin . subst. comm. masc. sing. compl. indir. de *étais accablé.*

Il ...... pron. pers. 3ᵉ pers. du masc. sing. suj. de *aime.*

aime .... verbe actif au prés. de l'indic. 3ᵉ pers. du sing. 1ʳᵉ conj.

la ...... art. fém. sing.

étude ... subst. comm. fém. sing. compl. dir. de *aime.*

Il ...... pron. pers. 3ᵉ pers. du masc. sing. suj. de *est aimé,*

est aimé . verb. pass. au présent de l'indic. 3ᵉ pers. du sing. 1ʳᵉ conj.

de ...... prép.

ses ..... adj. possess. masc. plur.

camarades. subst. comm. masc. plur. compl. indir. de *est aimé.*

Exercice sur la conjugaison des verbes neutres.
(Voyez les n°⁸ 148, 149, 150, 151, 152, 153 et 154).

L'élève, après avoir conjugué un certain nombre de verbes neutres des quatre conjugaisons, écrira, de mémoire, les verbes suivants aux temps désignés ci-après, et à la personne indiquée par le pronom qui précède l'infinitif.

Passé défini : (je) régner; (tu) languir; il réussir; (nous) tomber; (vous) gémir; (ils) marcher.

Passé indéf. : (je) succomber ; (tu) décéder; (il) grandir; (nous) succéder ;(vous) tomber; (ils) vieillir.

Prés. de l'ind. (nous) languir; (je) régner; (vous) gemir; (tu) tomber; (il) vieillir; (ils) succomber.

Plus-que-parf. de l'ind. : (il) régner; (tu) arriver; (je) frémir; (ils) venir; (vous) succéder; (nous) venir.

Prés. du subj. : (je) succomber; (nous) languir; (tu) tomber; (vous) réussir; (il) décéder; (ils) frémir.

Plus-que-parf. du subj. : (ils) partir; (vous) régner; (nous) aller; (il) sortir; (tu) succéder; (je) décéder.

Futur : (nous) succomber; (vous) frémir; (il) arriver; (je) vieillir; (il) croupir; (tu) réussir.

Futur antérieur : (je) tomber; (tu) languir; (il) arriver; (nous) sourire; (ils) aller; (vous) frémir.

Imp. du subj. : (nous) réussir; (je) succomber; (il) frémir; (vous) pleurer; (tu) jouir; (ils) tomber.

Passé du subj. : (il) régner; (nous) arriver; (ils) vieillir; (vous) décéder; (je) végéter; (ils) partir.

Imp. de l'ind. : (je) succomber; (tu) frémir; (il) arriver; (nous) languir; (vous) tomber; (ils) réussir.

Impératif : arriver, jouir, succomber, languir (chacun de ces verbes à toutes les personnes du temps).

MODÈLE D'ANALYSE.

Dans le modèle qui suit, on a indiqué, pour chaque verbe, s'il est actif, passif ou neutre, et l'on a soin d'en faire connaître la personne, le nombre, le temps, le mode, la conjugaison, le sujet et le complément, soit direct, soit indirect.

———

La simplicité me charme. Les méchants sont détestés. L'exercice convient aux enfants. Il a été blâmé par ses amis. Il a vécu dans la pauvreté. Les fautes que vous avez commises vous ont été pardonnées. Ils moururent de chagrin.

La . . . . . art. fém. sing.

simplicité subst. comm fém. sing. suj. de *charme*.

me . . . . . pron. pers. de la 1re pers. du masc. sing. compl. dir. de *charme*.

charme. . verb. act. au prés. de l'indic. 3e pers. du sing. 1re conj.

Les . . . . . art. masc. plur.

méchants subst. comm. masc. plur. suj. de *sont détestés*.

sont détestés. verb. pass. au prés. de l'indic. 3e pers. du plur. 1re conj.

Le . . . . . art. masc. sing.

exercice . subst. comm. masc. sing. suj. de *convient*.

convient. verb. neutre au prés. de l'indic. 3e pers. du sing. 2e conj.

aux . . . . art. contr. : *à*, prép.; *les*, art. masc. plur.

enfants.. subst. comm. masc. plur. compl. indir. de *convient*.

Il. . . . . . pron. pers. 3e pers. du masc. sing. suj. de *a été blâmé*.

a été blâmé verb. pass. au passé indéf. 3e pers. du sing. 1re conj.

par. . . . . prép.

ses . . . . . adj. poss. masc. plur.

amis. . . . subst. comm masc. plur. compl. indir. de *a été blâmé*.

Il. . . . . . pron. pers. 3e pers. du masc. sing. suj. de *a vécu*.

a vécu... verb. neutre au passé indéf. 3ᵉ pers. du sing.
      4ᵉ conj.

dans.... prép.

la...... art. fém. sing.

pauvreté. subst. comm. fém. sing. compl. indir. de *a vécu*.

Les...... art. fém. plur.

fautes... subst. comm. fém. plur. suj. de *ont été pardonnées*.

que..... pron. relat. fém. plur., ayant pour antécédent
      fautes ; compl. dir. de *avez commises*.

vous.... pron. pers. 2ᵉ pers. du masc. plur. suj. de *avez*
      commises.

avez commises verb. act. au passé indéf. 2ᵉ pers. du plur.
      4ᵉ conj.

vous.... pron. pers. 2ᵉ pers. du masc. plur. compl. indir.
      de *ont été pardonnées*.

ont été pardonnées. verb. pass. au passé indéf. 3ᵉ pers. du
      plur. 1ʳᵉ conj.

Ils..... pron. pers. 3ᵉ pers. du masc. plur. suj. de *mou-*
      rurent.

moururent verb. neutr. au passé défin. 3ᵉ pers. du plur.
      2ᵉ conj.

de...... prép.

chagrin. subst. comm. masc. sing. compl. indir. de *mou-*
      rurent.

Exercice sur la conjugaison des verbes pronomi-
naux. (Voyez nᵒˢ 155, 156, 157, 158).

L'élève mettra les verbes suivants aux temps désignés
dans l'exercice et à la personne indiquée par le pronom
entre deux parenthèses qui précède l'infinitif.

Futur : (je) se frapper ; (tu) se punir ; (il) s'apercevoir ; (nous) se rendre ; (vous) se tromper ; (ils) se
réjouir.

Condit. passé : (nous) se regarder ; (vous) s'avertir ; (il) se voir ; (tu) se comprendre ; (je) s'emparer ;
(ils) se flétrir.

Condit. prés. : (je) se méfier ; (nous) s'unir ; (tu) se

apercevoir ; (vous) s'entendre ; (il) se frapper ; (ils) se chérir.

Futur antérieur : (je) s'adresser ; (tu) se réunir ; (il) se voir ; (nous) s'attendre ; (vous) se fâcher ; (ils) s'emparer.

Plus-que-parf. de l'ind. : (il) se douter ; (tu) se punir ; (je) se rendre ; (vous) s'apercevoir ; (nous) s'ennuyer ; (il) se décevoir.

Plus-que-parf. du subj. : (je) se comprendre ; (vous) se tromper ; (tu) se remplir ; (nous) s'entendre ; (il) se nourrir ; (ils) se percevoir.

Prés. de l'indic. : (je) se nommer ; (tu) se noircir ; (il) s'apercevoir ; (nous) se blesser ; (vous) s'attendre ; (ils) se ternir.

Prés du subj. : (nous) se garer ; (je) se réjouir ; (vous) s'attendre ; (te) s'apercevoir ; (il) s'estimer ; (ils) s'enrichir.

Passé indéf. : (ils) s'attendrir ; (vous) se rendre ; (nous) se recevoir ; (il) s'enorgueillir ; (tu) se réjouir ; (je) se blâmer.

Passé du subj. : (je) se tromper ; (tu) s'apercevoir ; (il) se plier ; (nous) s'étendre ; (vous) se voir ; (ils) se ternir.

Passé défini : (nous) se flatter ; (je) se reunir ; (il) se rendre ; (vous) se recevoir ; (ils) se tromper ; (tu se punir.

Imparf. du subj. : (il) s'écrier ; (tu) se nourrir ; (je) se frapper ; (ils) s'attendre ; (vous) se réjouir ; (nous) s'apercevoir.

Imparf. de l'ind. : (tu) se flétrir ; (il) s'ennuyer ; (nous) se punir ; (vous) se flatter ; (ils) s'emparer ; (je) s'enrichir.

Impératif : s'avancer , se haïr , s'apercevoir, se confondre (chacun de ces verbes à toutes les personnes du temps).

Passé antérieur : (tu) s'égarer ; (ils) s'attendrir; (vous) s'apercevoir ; (je) se joindre ; (il) se punir ; (nous) se craindre.

NOTA. Dans le cas où cet exercice ne suffirait pas , le maître continuerait à exercer l'élève au moyen d'exercices qu'il calquerait sur le précédent.

MODÈLE D'ANALYSE.

Dans le modèle suivant, nous nous sommes attaché à indiquer la nature des différentes sortes de verbes, et à en faire connaître la personne, le nombre, etc., ainsi que nous l'avons fait dans l'analyse qui précède.

Je me flatte. Je me nuis. Nous succombions à la douleur. Tu t'étais ennuyé. Il fut grondé. Que nous nous fussions unis. On nous blâmera. Ils s'égarèrent. Ils se sont succédé. Vous vous seriez perdus.

Je .... pron. pers. 1re pers. du masc. sing. suj. de
       flatte.

me .... pron. pers. 1re pers. du masc. sing. compl. dir.
       de *flatte.*

flatte ..... verb. pron. au prés. de l'indic. 1re pers. du
       sing. 1re conj.

Je .... pron. pers. 1re pers. du masc. sing. suj. de
       nuis.

me .... pron. pers. 1re pers. du masc. sing. compl.
       indir. de *nuis.*

nuis ...... verb. pron. au prés. de l'indic. 1re pers. du sing.
       4e conj.

Nous ..... pron. pers. 1re pers. du masc. plur. suj. de
       succombions.

succombions verb. neutr. à l'imparf. de l'indic. 1re pers. du
       plur. 1re conj.

à . . . . prép.

la . . . . art. fém. sing.

douleur . . . subst. comm. fém. sing. compl. indir. de *suc-combions.*

Tu . . . . pron. pers. 2ᵉ pers. du masc. sing. suj. de *étais ennuyé.*

te . . . . pron. pers. 2ᵉ pers. du masc. sing. compl. dir. de *étais ennuyé.*

étais ennuyé verb. pron. au plus-que-parf. de l'indic. 2ᵉpers. du sing. 1ʳᵉ conj.

Il . . . . pron. pers. 3ᵉ pers. du masc. sing. suj. de *fut grondé.*

fut grondé. verb. passif au passé déf. 3ᵉ pers. du sing. 1ʳᵉ conj.

Que . . . . . . conjonction.

nous . . . . . . pron. pers. 1ʳᵉ pers. du masc. plur. suj. de *fussions unis.*

nous . . . . . . pron. pers. 1ʳᵉ pers. du masc. plur. compl. dir. de *fussions unis.*

fussions unis verb. pron. au plus-que-parfait du subj. 1ʳᵉ pers. du plur. 2ᵉ conj.

On . . . . pron. indéf. 3ᵉ pers. du masc. sing. suj. de *blâmera.*

nous . . . . . . pron. pers. 1ʳᵉ pers. du masc plur. compl. dir. de *blâmera.*

blâmera . . verb. actif au futur, 3ᵉ pers. du sing. 1ʳᵉ conj.

Ils . . . . pron. pers. 3ᵉ pers. du masc. plur. suj. de *égarèrent.*

se . . . . pron. pers. 3ᵉ pers. du masc. plur. compl. dir. de *égarèrent.*

égarèrent . . verb pron. au passé défini 3ᵉ pers. du plur. 1ʳᵉ conj.

Ils . . . . pron. pers. 3ᵉ pers. du masc. plur. suj. de *sont succédé.*

se . . . . pron. pers. 3ᵉ pers. du masc. plur. compl. indir. de *sont succédé.*

sont succédé verb. pron. au passé indéf. 3ᵉ pers. du plur. 1ʳᵉ conj.

Vous. . . . . pron. pers. 2ᵉ pers. du masc. plur. sujet de *se-riez perdus.*

vous . . . . . . pron. pers. 2ᵉ pers. du masc. plur. compl. dir. de *seriez perdus.*

seriez perdus verbe pron. au condit. passé, 2ᵉ pers. du plur. 4ᵉ conj.

Exercice sur la conjugaison des verbes unipersonnels
(Voyez les nᵒˢ 159, 160 et 161.)

L'élève, après avoir conjugué quelques verbes unipersonnels, écrira, de mémoire, les verbes suivants aux temps désignés dans l'exercice ; et à la personne qu'exigent les verbes unipersonnels.

Imparfait du subjonctif et imparfait de l'indicatif :
Tonner, convenir que, falloir, dépendre que.

Futur antérieur et passé du subjonctif : neiger, pleuvoir, tonner, importer que.

Conditionnel présent et présent du subjonctif : résulter, falloir, venter, tonner.

Conditionnel passé et plus-que-parfait du subjonctif : pleuvoir, importer que, neiger, convenir que.

Passé indéfini et plus-que-parfait de l'indicatif : falloir, résulter, tonner, dépendre que.

Futur simple et présent de l'ind. : survenir, neiger, pleuvoir, importer que.

Imparfait de l'indicatif et passé antérieur : tonner, falloir, résulter, survenir.

MODÈLE D'ANALYSE.

Il faudra. Il neigeait. Il avait plu. Il importe. Il aurait tonné. Qu'il fallût.

Il..... prou. pers. 3ᵉ pers. du masc. sing. suj. de *faudra*.
faudra. verb. unipersonnel au futur 3ᵉ pers. du sing. 3ᵉ conj.
Il..... pron. pers. 3ᵉ pers. du masc. sing. suj. de *neigeait*.
neigeait verb. unipersonnel à l'imparf. de l'indic. 3ᵉ pers. du sing. 1ʳᵉ conj.

Il..... pron. pers. 3ᵉ pers. du masc. sing. suj. de *avait*
      plu.

avait plu. verb. unipers. au plus-que-parf. de l'indic. 3ᵉ pers.
      du sing. 3ᵉ conj.

Il..... pron. pers. 3ᵉ pers. du masc. sing. suj. de *im-*
      porte.

importe. verb. unipers. au prés. de l'indic. 3ᵉ pers. du sing.
      1ʳᵉ conj.

Il..... pron. pers. 3ᵉ pers. du masc. sing. suj. de *aurait*
      tonné,

aurait tonné. verb. unipers. au condit. passé 3ᵉ pers. du sing.
      1ʳᵉ conj.

Que... conjonction.

il..... pron. pers. 3ᵉ pers. du masc. sing. suj. de *fallût.*

fallût.. verb. unipers. à l'imparf. du subj. 3ᵉ pers. du
      sing. 3ᵉ conj.

RÉCAPITULATION

sur tout ce que l'élève a appris de relatif au verbe.

L'élève fera connaître la nature des verbes qui se trouvent dans cet exercice, c'est-à-dire s'ils sont actifs, neutres,
passifs, pronominaux ou unipersonnels. Il indiquera, pour
chacun d'eux, la personne, le nombre, le temps, le mode,
le sujet et les divers compléments qu'ils ont. (Cet exercice
et le suivant pourront se faire verbalement.)

J'aime la campagne. Tu es estimé des honnêtes
gens. Il succède à son père. Nous nous trompons.
Vous vous nuisez. Il pleut. La promenade me plaît. Il
console les malheureux. Nous nous secourûmes. Les
ennemis arrivent. Il tonnera. Elle est chérie. Elle était
tombée. Ils se succèdent. Il faut que vous vous corri-
giez. Je dormirai. Tu m'abuses. Vous vous attendris-
sez. Le soleil paraît. Il convient que vous étudiiez
vos leçons. Le ciel s'obscurcit. Il neige. Il importe
que vous vous absteniez de parler. Les méchants

sont détestés. Je hais les menteurs. Il obéit aux lois.
Il y a dix ans que cet évènement est arrivé. Vous
vous plaisez à travailler. Je me désole. Elle est dé-
solée. Il nous désole. La brebis bêle. Le mérite a été
récompensé. Nous nous fâcherions. Il arrive souvent
que la mort nous surprend avant que nous nous
soyons corrigés de nos défauts. Les Romains vain-
quirent les Carthaginois. Vos élèves ont travaillé
avec ardeur. Les jours se suivent, et ne se ressemblent pas. Il faut que vous ayez du courage. La ville
résista aux troupes assiégeantes.

Exercice sur le même sujet.

La terre trembla. Les nuages s'amoncelèrent. La
religion élève l'ame. Ne résistez pas aux prières que
vous adresse un ami. Il importe à leur bonheur que
les hommes se conduisent bien. La vérité triomphe
du mensonge. L'avare est méprisé. Les chiens aboyè-
rent. Dieu protège l'homme de bien. Ils s'abandon-
nèrent à la douleur. Obéis, si tu désires qu'on
t'obéisse. Des peines sont attachées à chaque état. Il
éclairait. Le cheval voit le péril, et l'affronte. Les
jours se succèdent, et le bonheur ne vient pas. Il
n'y a point d'esprit où il n'existe pas de raison. L'espérance naît du sein des malheurs mêmes. La jeunesse s'enfuit et ne vient plus. On admire la science,
quand elle est unie à la sagesse. Les vœux que la
crainte arrache à l'homme s'évanouissent avec le danger. La mort marche toujours, et renverse tout ce
qui se trouve sur son passage. Il faut traiter nos semblables comme nous voudrions qu'on nous traitât.

Le vaisseau se heurta contre les rochers , et tous les passagers périrent.

NOTA. Pour que l'élève puisse, dans la récapitulation qui précède, rendre compte d'une manière satisfaisante de ce qui a rapport au verbe unipersonnel , le maître sera obligé de lui apprendre, par anticipation, que les verbes unipersonnels ont deux sujets : un sujet *apparent* et un sujet *véritable*. (Voir notre *Nouvelle Grammaire française* , n° 98.)

VERBES IRRÉGULIERS.

Exercice sur les verbes irréguliers de la première et de la seconde conjugaison. (Voyez les n°˙ 184, 185 et 186.)

L'élève mettra les verbes suivants à toutes leurs personnes singulières et plurielles des temps indiqués ci-après.

Présent de l'indicatif : aller, bouillir, courir, accueillir.

Futur : renvoyer, démentir, ouvrir, revêtir.

Passé défini : aller, conquérir, dormir, offrir.

Imparfait du subjonctif : aller, bouillir, courir,'accueillir.

Impératif : renvoyer, démentir, ouvrir, revêtir.

Imparfait de l'indicatif : aller, conquérir, dormir, offrir.

Participe présent et participe passé : renvoyer, bouillir, revêtir, courir.

Conditionnel présent : aller, renvoyer, conquérir, courir.

Présent du subjonctif : renvoyer, courir, aller, revêtir.

Plus-que-parfait de l'indicatif : aller, démentir, courir, offrir.

Plus-que-parfait du subjontif : renvoyer, ouvrir, conquérir, aller.

Futur antérieur : renvoyer, courir, offrir, revêtir.

Passé antérieur : dormir, aller, bouillir, offrir.

Conditionnel passé : aller, renvoyer, mentir, accueillir.

Passé du subjonctif : ouvrir, conquérir, aller, courir.

Exercice sur le même sujet.

Participe présent et participe passé : tenir, mourir, fuir, tressaillir.

Passé défini : sortir, partir, envoyer, sentir.

Futur : tenir, mourir, fuir, tressaillir.

Imparfait de l'indicatif : sortir, partir, envoyer, sentir.

Imparfait du subjonctif : tenir, partir, mourir, fuir.

Conditionnel présent : sortir, mourir, fuir, tressaillir.

Impératif : tenir, mourir, sortir, fuir.

Présent de l'indicatif : tressaillir, fuir, envoyer, tenir.

Présent du subjonctif : envoyer, fuir, tressaillir, tenir.

Passé défini : tressaillir, partir, fuir, tenir.

Futur antérieur : mourir, sentir, aller, sortir.

Passé antérieur : envoyer, partir, sentir, venir.

Conditionnel passé : tenir, sentir, fuir, aller.

Passé du subjonctif : mourir, partir, tressaillir.

Plus-que-parfait du subjonctif : envoyer, fuir, sentir, tenir.

Plus-que-parfait de l'indicatif : tressaillir, mourir, partir, fuir.

Exercice sur les verbes irréguliers de la troisième conjugaison.

L'élève mettra les verbes suivants aux trois personnes tant singulières que plurielles des temps indiqués ci-après.

Futur : pouvoir, savoir, asseoir, voir.

Impératif : voir, savoir, pourvoir, échoir.

Passé défini : prévaloir, savoir, vouloir, pourvoir.

Conditionnel présent : pouvoir, voir, asseoir, voir.

Imparfait du subjonctif : mouvoir, échoir, pouvoir, prévaloir.

Imparfait de l'indicatif : savoir, voir ; asseoir, pourvoir.

Participe présent et participe passé : valoir, pouvoir, mouvoir, asseoir.

Présent du subjonctif : voir, pourvoir, asseoir, pouvoir.

Présent de l'indicatif : pouvoir, vouloir, prévaloir, valoir.

Futur antérieur : mouvoir, échoir, pouvoir, prévaloir.

Plus-que-parfait de l'indicatif : savoir, valoir, mouvoir, asseoir.

Passé indéfini : voir, pouvoir, échoir, valoir.

Passé du subjonctif : pouvoir, vouloir, pourvoir, prévaloir.

Conditionnel passé : asseoir, voir, échoir, valoir.

Plus-que-parfait du subjonctif : pouvoir, vouloir, savoir, pourvoir.

Passé antérieur : voir, pouvoir, savoir, asseoir.

Exercice sur les verbes irréguliers de la quatrième conjugaison.

L'élève mettra les verbes suivants aux trois personnes tant singulières que plurielles des temps indiqués ci-après.

Présent de l'indicatif : battre, boire, conclure, confire.

Futur : croître, faire, écrire, boire.

Présent du subjonctif : coudre, croire, croître, dire.

Impératif : écrire, faire, joindre, lire.

Participe présent et participe passé : boire, croire, croître, confire.

Passé défini : écrire, battre, joindre, dire.

Imparfait de l'indicatif : croire, boire, conclure, faire.

Conditionnel présent : coudre, battre, joindre, croître.

Imparfait du subjonctif : boire, dire, confire, coudre.

Exercice sur le même sujet.

Présent du subjonctif : luire, moudre, naître, rire.

Impératif : naître, prendre, résoudre, nuire.

Conditionnel présent : traire, vaincre, vivre, rompre.

Présent de l'indicatif : moudre, vaincre, naître, rire.

Imparfait du subjonctif : rire, naître, moudre; vaincre.

Futur : naître, nuire, prendre, moudre.

Imparfait de l'indicatif : luire, naître, vaincre, résoudre.

Participe présent et participe passé : résoudre, vaincre, moudre, naître.

Passé défini : naître, prendre, rire, résoudre.

Conditionnel passé : luire, moudre, naître, rire.

Futur antérieur : rire, prendre, nuire, vivre.

Passé indéfini : traire, naître, résoudre, moudre.

Passé du subjonctif : résoudre, rire, moudre, vaincre.

Passé antérieur : naître, prendre, luire, traire.

Plus-que-parfait du subjonctif : traire, rire, moudre, vaincre.

Plus-que-parfait de l'indicatif : résoudre, moudre, rire, luire.

NOTA. Les exercices sur la conjugaison des verbes irréguliers devant être extrêmement multipliés à cause du grand nombre et de la difficulté de ces verbes, le maître continuera à exercer l'élève au moyen d'exercices qu'il calquera sur ceux que nous venons de donner, pages 69, 70, 71, 72 et 73.

Exercice sur l'accord du verbe avec son sujet. (Voyez
le n° 189).

L'élève corrigera les fautes qui existent dans cet exercice, en mettant chaque verbe au nombre et à la personne
qu'exige son sujet.

J'étudies mes leçons. J'écri mes devoirs avec soin.
Fait des heureux, et tu sera aimé. Tu reçoit de bons
conseils et tu ne les suit pas. Le maître aiment les élèves studieux et les favorisent. Nous travaillont à vous
rendre meilleurs. Il est rare que nous n'aimiont pas
ceux que nous estimont. Prodigué les bienfaits,
vous ne parviendré pas à changer le cœur de l'ingrat. Les enfants sacrifie l'avenir au présent. Les
cieux publie la gloire de Dieu. Je plain les malheureux que l'espérance abandonnent. Mérités par votre
repentir, que Dieu vous pardonnent les fautes que
vous commetté. Travailles et tu sera heureux. Les
hommes se souvienne mieux des services qu'ils rende
que de ceux qu'ils reçoive. J'attend que tu soit ici
pour t'ouvrir mon cœur. L'homme de bien com-
pâti aux peines de ses semblables. Ne fait pas aux
autres ce que tu ne voudrait pas qu'ils te fisse. Nous
remarquont les défauts des autres, et nous n'apperce-
vont pas les nôtres. Les vertus élève l'homme, les
vices le dégrade. Dieu béni l'homme bienfaisant.

Exercice sur le même sujet. (Voyez les n°ˢ 190 et 191).

L'ambition et l'avarice cause le malheur des hommes. La gloire et la prospérité des méchants dure peu. Le faste et le mépris que nous montront pour les autres n'a jamais rien produit de bon, La vertu et l'ambition est incompatibles. Vous et moi admirent la bonté de Dieu. Vous et votre frère méritent une récompense. C'est dans les chaumières qu'habite le plus souvent la paix et le bonheur. La sagesse et la piété du souverain peut seul faire le bonheur des peuples. L'or et l'argent s'épuise ; mais la vertu et l'instruction est inépuisables. Votre père et moi ont été longtemps ennemis. La crainte et l'espérance trouble le cœur des mortels. Vous et vos semblables ne sont pas digne de notre amitié. C'est de Dieu que dépend la perte et le salut des nations. Pourquoi ne serions-nous pas d'accord, puisque lui et moi sont du même avis? La fortune et la générosité se trouve rarement réunies. Notre bonheur et notre malheur dépend autant de notre humeur que de la fortune. Vous et lui ont des droits à l'estime des honnêtes gens.

. . . . La tendresse et la crainte
Pour lui dans tous les cœurs etait alors éteinte.

RÉCAPITULATION.

Sur le nombre, la personne, la conjugaison et l'accord des verbes, tant réguliers qu'irréguliers.

L'éleve corrigera les fautes faites à dessein dans cet exercice.

Vous serai heureux, si vous rendé service à vos amis. Les étoiles brillait d'un vif éclat. Vieillards, nous admiront les ouvrages que nous décriont pendant notre jeunesse. Les ressorts qui mouvent cette machine ont besoin d'être réparés. Dieu se venga par le déluge de l'oubli des hommes. L'envie hait ceux qu'elle est obligée de louer. Ce que tu donne à un ami, tu le met à l'abri des caprices du sort. Vous le contredites toujours, lui qui n'aime pas les contradictions. Les avares amoncèlent des trésors qui ne leur serve de rien. Tu ne peus te maîtriser toi-même, et tu veus être maître des autres. Il faudra que tu moudes le caffé que j'achèterai. On jouit paisiblement du bien qu'on acquert sans reproche. Tu recueillira dans ta vieillesse le fruit de ta bonne conduite. La bonté et l'indulgence nous attire les cœurs. Les hommes qui entreprènent beaucoup de choses ne viènent à bout que d'un petit nombre. Votre père et moi naquirent la même année. Faisez en sorte de n'être pas obligé de dire : Je vaus moins que je ne valait. Ne confis tes secrets qu'à un ami discret. Confie des fruits dans le sucre. Je crainds Dieu, et après Dieu je crainds celui qui ne le craind pas. Quiconque projète le crime est déjà coupable. Le cocotier loge, vêtit, nourri et abreuve l'habitant de l'Asie. Heureux celui qui peut se dire : Je vaut mieux que beaucoup d'autres.

Exercice sur le même sujet.

Le travail et la patience surmonte bien des obstacles. Vous n'aurez jamais fini, car vous défaisez toujours ce que vous avez fait. Vous nous prédites toujours des événements funestes. Il est rare que

les hommes vallent leur réputation. Racine et
Boileau s'aimait et s'estimait. Faite du bien, et
vous serai benit de Dieu et des hommes. En hais-
sant le vice on se fortifit dans l'amour de la vertu.
Ce que l'on comprent le moins, c'est le prix du
temps. Ayont toujours pour les vieillards le respect qui leur est du. Avant d'entrer dans cette maison, il faut que vous la déblayez, que vous la balayez
et que vous la nettoyez de la cave au grenier. Vous et
votre frère méritèrent un meilleur sort. Avec de
la bonté, vous acquèrerai et conservrez des amis.
Celui qui répont paye. Nous allongons la chaîne
de notre vie, et nous en diminuont les anneaux. Ne
forcons pas notre talent, nous ne feriont rien avec
grâce. Le repentir est la seule chose qui nous ab-
soude aux yeux de Dieu. En rappellant les hommes
à la vertu, nous les rappelerons au bonheur. Vous
et moi cueilliront les roses de votre jardin. Vous
courerez à votre perte en agissant ainsi. Donnes
toute ton attention à ce que tu fait.

Exercice sur le même sujet.

On augmente son bonheur en le partageant avec
ses amis. Il faut que vous simplifiez vos règles,
et que vous les appuyez d'exemples si vous voulés
qu'on les comprennent. Ce que je veus n'est pas toujours ce que je peus. Celui qui tressaillit maintenant
ne tressaillira peut-être pas demain. L'éléphant et le
castor aime la société de leurs semblables. Il suffit
que nous le veuillions pour réussir dans bien des

choses. Les bonnes lectures nous distraisent en nous instruisant. L'ange dit à la sainte Vierge : Vous êtes bénite entre toutes les femmes. Quand on haït une fois, on veut hair toujours. Le poil du chameau sert aux Arabes à faire des étoffes dont ils se vêtissent. Abandonnons une ville où lui et moi vécurent si malheureux. Je m'assoirai sous cet ombrage pour respirer le frais. Tel projète sans cesse, qui ne jouit d'aucune des choses qu'il a projettées. Il faut que tu recoude ta robe. La force de l'ame et celle du corps est le fruit de la tempérance. Corrigons-nous de nos défauts pendant que nous sommes jeunes. Le travail vient à bout de tout et suplé à tout. Les drapeaux ont été bénis par l'église. La postérité de Jacob a été bénite par Dieu. Les glaives étincèlent.

Exercice sur le même sujet.

Veus-tu jouir des richesses que tu possède, partages-les avec les malheureux. Nous mourerons tous, telle est la loi de la nature. Il ne faut pas que l'homme se prévaille de sa raison, qui l'abandonne si souvent. Votre ami déchoira dans l'estime des honnêtes gens. La beauté et la bonté de la semence ne suppléra pas à l'infertilité du sol. Vos meilleurs amis cesserons de vous aimer, car vous médites toujours d'eux, et les contrefaisez sans cesse. Il est certain que les richesses ne vaillent pas la peine que les hommes se donne pour les acquérir. J'étais heureux quand je m'assoyais au milieu de mes enfants. L'envie et la médisance annonce un cœur pervers. Le débordement des rivières ravaga ces riches contrées. La religion défend que nous envions la prospérité de nos semblables, et que nous employons toutes sortes de moyens pour acquérir des richesses. Efforcons-nous de sortir de ces déserts, ou résoudons-nous à n'en sortir jamais. Vous ne pouvez pas faire de progrès, si vous n'employiez pas mieux votre temps. Ceux qui passe pour généreux acquèrent souvent cette réputation à bon marché. La religion défent que nous envions le bien des autres. Les plus grandes fortunes chancèlent et disparaisse. Nous effacont bien des torts par un mot de repentir. Tot ou tard un secret partagé se révelle. L'homme ne créra jamais rien de parfait. Nous ne payions les bienfaits que par une vive reconnaissance.

CHAPITRE VI.

PARTICIPE.

DU PARTICIPE PRÉSENT.

Exercice sur ce PARTICIPE *et sur l'*ADJECTIF VERBAL.
(Voyez les numéros 194, 195, 196 et 197.)

Dans cet exercice et dans le suivant l'élève distinguera le participe présent de l'adjectif verbal, et fera accorder ce dernier avec le mot qu'il modifie.

Des enfants dansant une ronde. Des airs dansant.

Des aventures intéressant tout le monde. Des récits intéressant. Des écoliers courant dans le jardin.
Des eaux courant. Des personnes sages prévoyant
les événements. Des hommes prévoyant. Une femme
obligeant et charitable. Une personne obligeant ses
amis. Les étrangers abondant dans la ville. Des
fruits magnifiques et abondant. Des créatures mal-
heureuses et souffrant. De malheureux blessés souffrant des douleurs inouïes. Ce sont des êtres vivant.
Des riches vivant dans la mollesse. Des mères caressant leurs enfants. Des enfants sensibles et caressant.
Des yeux étincelant. La colère et la fureur étincelant dans leurs yeux. Des infortunés épuisés et mourant. Des soldats mourant sur le champ de bataille.
Les matelots frappant les eaux de leurs rames. Des
exemples frappant. Ce sont des lectures instructives
et amusant. Des gens d'esprit amusant la société par
l'agrément de leurs reparties. Les eaux courant sont
toujours salubres. Les eaux courant dans les plaines
descendent des montagnes. Son éloquence entraî-
nant confondit ses accusateurs. Ses discours entraî-
nant les esprits, lui méritèrent tous les suffrages.

Exercice sur le même sujet.

Les esprits contredisant sont peu propres à la
société. Ces enfants, contredisant tout le monde, se
sont fait détester. Les hommes obligeant leurs semblables par pure vanité ne sont réellement pas des
hommes obligeant. Les gens les plus accommodant
sont ordinairement les meilleures gens du monde.

Vos frères pénétrant ma pensée se sont mis à sourire. On cache difficilement sa pensée aux esprits pénétrant. Une partie de l'Asie est couverte de sables mouvant. Les hommes sensés ; s'accommodant facilement aux circonstances, sont faciles à vivre. Les enfants obéissant à leurs parents remplissent un devoir sacré. Ce vieillard avait une figure vénérable et imposant. J'ai vu ces malheureux, quoique épuisés, mouvant les plus lourdes masses. Les gens riches sont souvent des êtres tristes et grondant. Le fer et le feu volant de tous côtés détruisent bientôt les remparts de la ville. Les chauves-souris sont des quadrupèdes volant. Les gens méprisant sont toujours détestés. Entendez-vous la foudre grondant sur vos têtes? Il est rare de trouver des hommes méprisant les richesses. Il s'est trouvé de ces caractères altiers imposant leur volonté aux autres. Partout s'offraient à nos yeux des exemples frappant de faste et de luxe. Les Carthaginois, méprisant les arts et les sciences qui ne conduisaient pas à la fortune, se livraient entièrement au commerce. On voyait des chœurs de jeunes garçons, les uns jouant de la lyre, d'autres exécutant des danses, d'autres faisant briller leur adresse dans les lieux destinés aux jeux publics. On entendait les coups des terribles marteaux qui, frappant l'enclume, faisaient gémir les profondes cavernes. Une guerre au milieu des peuples commerçant est un incendie qui les ravage tous.

DU PARTICIPE PASSÉ.

Exercice sur le participe sans auxiliaire.
(Voyez le numéro 199.)

L'élève, en copiant cet exercice et ceux qui suivent sur le participe passé, fera varier les participes qui doivent prendre l'accord.

On ne regrette jamais les moments consacré à l'étude. La glace est de l'eau cristallisé. Les arbres planté cette année donneront du fruit dans trois ans. Les succès obtenu augmentent le courage. Qui n'admire pas les fables composé par La Fontaine? Les sculptures exécuté dans cette église sont magnifiques. L'autorité fondé sur la crainte est peu durable. Les bonnes habitudes contracté dès l'enfance influent sur toute la vie. Que de belles actions raconté par les historiens ou célébré par les poètes! Les préjugés long-temps enraciné se détruisent difficilement. Les monuments élevé à la gloire des génies immortels prouvent la reconnaissance des hommes. Lorsqu'on voit les plantes incliner leurs tiges fatigué, les animaux accablé et les hommes abattu, quelle puissance vient rendre à l'air la vertu vivifiante? Les Grecs éloigné de leur pays, réduit à dix mille, et enveloppé par une armée victorieuse, firent la fameuse retraite connu sous le nom de retraite des dix mille.

Exercice sur le participe accompagné de l'auxiliaire
ÈTRE. (Voyez le numéro 200.)

Zénobie vaincu fut transporté à Rome chargé de
chaînes. Il est rare que la curiosité soit accompagné de
la discrétion. La renaissance des lettres est dû à
François Ier. La fontaine de Vaucluse a été immortalisé par Pétrarque. La ville de Londres, brûlé en
1666, fut rebâti en trois années. Les principaux
États de l'Europe furent plongé dans la barbarie.
Une pièce de vingt francs dépensé mal à propos peut
se regagner par le travail, mais une heure mal employé est perdu sans retour. Les maux passé sont
facilement oublié. Les enfants qui se conduisent
sagement sont aimé et récompensé ; ceux qui se
conduisent mal sont haï et puni. Les arts sont né en
Asie, et c'est en Europe qu'ils sont cultivé avec le
plus de succès. Les lettres et les arts sont destiné
à rendre les hommes meilleurs. Les champs se-
raient resté stériles, si des pluies abondantes n'é-
taient pas tombé. Les instruments imaginé pour me-
surer la vitesse du vent sont appelé anémomètres. Les
Francs, par qui les Gaules ont été envahi, apportè-
rent avec eux les coutumes cruelles des pays d'où ils
étaient sorti. Les côtes de l'Asie-Mineure furent
peuplé de colonies grecques. Les coqs étaient banni
de la ville de Sybaris. Les Romains ont été vaincu
par les barbares. Les planètes sont regardé comme
autant de mondes habité. La terre est aplati vers les
pôles. La Normandie fut ravagé par des peuples venu

du Nord. Les hommes accoutumé à se bercer d'illu-
sions sont exposé à bien des désappointements. La
mère et la femme de Darius furent fait prison-
nières à la bataille d'Arbelles. Les lois sont destiné
à rendre les hommes meilleurs. Nous sommes souvent séduit par l'apparence. Que d'habitants auraient
été ruiné par l'inondation, sans les secours qui leur
ont été généreusement prodigué! L'innocence et la
vertu sont souvent opprimé.

Exercice sur le participe accompagné de l'auxiliaire
AVOIR. (Voyez le numéro 201.)

J'ai reçu votre lettre, et je l'ai lu avec plaisir.
Vous avez oublié les services qu'on vous a rendu. Les hommes qui ont établi les lois ne les ont
pas toujours observé. Les bonnes œuvres que nous
aurons fait ne seront pas perdu pour nous. Elle avait
commis une grande faute, mais elle l'a promptement
réparé. Notre cœur est vivement froissé, quand un
ami nous a trompé. C'est l'attention qu'on a donné
aux nouveautés, qui a multiplié les novateurs. La nature a traité favorablement certains animaux en leur
donnant des armes qu'elle a refusé à l'homme. Qu'il
est doux de secourir l'innocence et la vertu qu'on a
injustement opprimé. O mes amis, puisque la fortune
vous a favorisé, pourquoi n'avez-vous pas secouru
les malheureux qui vous ont imploré? L'étude ap-
profondi des mathématiques a contribué aux progrès
que les sciences physiques ont fait. La légèreté que
tu as montré, ma fille, t'a nui dans l'esprit de tes

amies ; elles t'ont blâmé, et elles t'auraient adressé de
vifs reproches, si le repentir que tu as montré ne les
avait désarmé. Que de fautes nous aurions évité, si
nous avions prévu les conséquences fâcheuses qu'elles
ont eu ! Que de crimes ont souillé les premières années de la Révolution ! Combien de beautés n'avez-
vous pas admiré dans les tragédies de Corneille ?
Combien de victoires ont immortalisé nos armées !
Quels grands hommes la Grèce a produit ! Quelle
mésintelligence a troublé la paix qui avait régné si
long-temps entre ces deux nations ?

Suite du même exercice.

C'est l'expérience qui nous a instruit, et nous a
fourni les moyens de juger la révolution qui nous a
précédé. Les passions s'anéantissent avec la cause
qui les a produit. Quels éloges n'ont pas mérité ces
mortels généreux qui ont consacré leur vie au soulagement de l'humanité. Il est beau de pardonner les
outrages qu'on a reçu ; mais que d'hommes cependant n'ont jamais oublié les torts qu'on a eu envers
eux ! La nature a mesuré notre intelligence aux besoins qu'elle nous a donné. Que d'hommes auraient
vécu dans la misère, s'ils n'avaient été animé d'une
noble émulation. La Harpe, dans l'analyse qu'il a
donné de nos grands écrivains, les a quelquefois traité
avec une partialité qui nous a révolté. Une sensibilité excessive m'a rendu malheureuse. Les grands
monuments que l'Égypte a fondé l'ont immortalisé.
Vous n'avez pas suivi les sages conseils qu'on vous

avait donné. Les coupables ont été jeté en prison, et
y ont langui pendant long-temps. Quelques années
ont suffi pour relever cette ville, que la guerre avait
détruit. Mon mari ne m'aurait pas quitté sans les affaires qui lui sont survenu. Quelle contrariété son
départ m'a causé! Les prix qui vous ont été accordé
vous ont imposé l'obligation de redoubler de zèle et
d'application. Combien de louanges n'a-t-on pas
prodigué à des princes qui ne les avaient pas mérité! L'espérance seule nous a soutenu au milieu de
tant d'infortunes. Une précipitation trop grande nous
a nui. Les personnes qui ont fondé des hospices ont
rendu un grand service à l'humanité. Que d'hommes
la paresse et l'amour du plaisir ont perdu! Combien
de personnes ont reçu une excellente éducation dont
elles n'ont pas profité! Les plus grands empires ont
succombé sous les coups que les barbares du Nord
et du Midi leur ont porté.

Exercice sur le participe d'un VERBE PRONOMINAL.
(Voyez le numéro 204.)

Elle s'est préparé au travail. Elle s'est préparé des
chagrins. Ils se sont proposé pour cette place. Ils se
sont proposé une difficulté. Elles se sont rendu
en Italie. Elles se sont rendu des services. Nous
nous étions partagé en deux troupes. Nous nous
étions partagé le butin. Vous vous êtes épargné réciproquement. Vous vous êtes épargné des peines.
Ils se sont exprimé en termes choisi. Ils se sont exprimé leurs sentiments. Elles se sont donné en specta-

cle. Elles se sont donné un ridicule. Ma fille s'est cassé la jambe. Ces essieux se sont cassé. Les élèves couronné se sont montré les prix qu'ils ont reçu. Ils se sont montré intelligents et studieux. Nos guerriers s'étaient couvert de gloire. Mes fils s'étaient couvert la figure. Nous nous sommes refusé le nécessaire. Nous nous sommes retiré à la campagne. Mes filles s'étaient contrarié. Elles s'étaient forgé des peines. Ces hommes se sont attiré leurs malheurs. Ils se sont perdu de réputation! Vos deux sœurs se sont témoigné une vive amitié toutes les fois qu'elles se sont rencontré. Fatigué des contrariétés que nous avons éprouvé, nous nous sommes découragé. Combien de batailles se sont livré dans l'espace de vingt ans! Combien de généreux citoyens y ont trouvé une mort honorable, ou s'y sont couvert de gloire par de beaux faits d'armes! Les Français et les Anglais se sont long-temps disputé le sceptre du monde.

Suite du même exercice.

Ils se sont imposé l'obligation de dire la vérité. Les éloges qu'ils se sont adressé annoncent peu de modestie. Pluton, Jupiter et Neptune se sont divisé le ciel, la mer et l'enfer. Quatorze siècles se sont succédé depuis l'établissement de la monarchie française. Les habitants de Sagonte se sont brûlé plutôt que de se rendre aux Romains. Que de jeunes gens, pour des motifs frivoles, se sont querellé, se sont fait des menaces, se sont battu, et ont perdu la vie! Que de gloire les Romains

se sont acquis dans les combats. Les grands rois
se sont toujours plu à protéger les sciences. L'affection du peuple, que Henri IV s'est concilié, loue
plus ce prince que tous les ouvrages qu'on a composé à sa louange. Vos deux frères ne se sont jamais ressemblé. Les Ninivites ne se sont pas ri des
menaces du prophète ; mais ils se sont converti, et
ont fait pénitence. La flotte française et la flotte turque
s'étant rencontré à Navarin, se sont disputé la victoire, qui s'est déclaré en notre faveur. Ces deux
princes se sont attiré la haine du peuple par les im-
pôts qu'ils ont créé. Vos fils se sont nui dans l'esprit des honnêtes gens, par les reproches injurieux
qu'ils se sont fait. Les bons élèves se sont toujours
attaché à leur maître. Cette dame charitable s'est
souvent retranché le nécessaire pour secourir les
infortunés qui se sont adressé à elle. Vos amis se
sont conservé l'amitié qu'ils s'étaient juré. Les Grecs
se sont illustré, moins par leurs conquêtes, que par
les lettres et les arts, qu'ils ont cultivé d'une manière brillante. La patrie ne s'est pas toujours montré reconnaissante envers ceux qui l'ont immortalisé.
Les événements qui se sont succédé ont excité l'é-
tonnement. Les eaux des fleuves ont débordé et se
sont répandu sur la campagne, qu'elles ont dé-
pouillé de leurs récoltes. Vos amis se sont écrit, et
se sont informé réciproquement des événements qui
leur sont arrivé.

Exercice sur le participe d'un verbe UNIPERSONNEL ;
sur le participe entre deux QUE, *et sur le participe*
précédé de L'. (Voyez les numéros 205, 206 et 207.)

Les difficultés qu'il y a eu entre vos deux amis
ont été aplani par nos soins. Les chaleurs qu'il a
fait en 1811 ont contribué à rendre le vin excellent.
Les livres qu'il m'a fallu pour faire des recherches,
vous me les avez prêté. Vous n'avez pas suivi les
conseils que vous aviez demandé avec tant d'instance
qu'on vous donnât. Les lectures que vous aviez
désiré que nous fissions, et que nous avons fait
chaque jour, nous ont donné la connaissance des
principaux événements qui sont arrivé sur le globe.
Les succès que j'ai su que vous aviez obtenu m'ont
causé une vive satisfaction. La disette qu'il y a eu
n'a pas été aussi funeste qu'on me l'avait assuré. Les
Romains trouvèrent l'armée ennemie plus nombreuse
qu'il ne l'avait cru. La paix fut conclu au commencement de l'année, ainsi que le gouvernement l'avait
annoncé. Malgré les froids tardifs qu'il y a eu, la
récolte a été assez abondante. C'est une objection
que j'avais prévu qu'on vous ferait. Que d'accidents
il est arrivé sur les chemins de fer! L'affaire
n'a pas réussi comme nous l'avions désiré. Que de
sommes il a fallu pour soulager tant de misères! Les
batailles qu'il s'est livré en Allemagne ont rendu les
habitants bien malheureux. La chute de ce prince
est arrivé plus tôt que ses courtisans ne l'avaient
prévu. Les punitions que le prophète avait annoncé

que Dieu infligerait aux Juifs, les ont frappé au moment prédit.

Exercice sur le participe suivi immédiatement d'un
INFINITIF ; *sur le participe suivi d'une* PRÉPOSI-
TION *et d'un* INFINITIF , *et sur le participe précédé*
de LE PEU. (Voyez les numéros 208, 209 , 210
et 211.)

Les peintres que j'ai vu peindre sont très habiles.
Les portraits que j'ai vu peindre sont fort ressem-
blants. Les orateurs que j'ai entendu parler m'ont
semblé éloquents. Les langues étrangères que j'ai entendu parler m'ont paru peu harmonieuses. L'histoire
que nous avons entendu raconter nous a intéressé.
Les arbres que j'avais vu planter, et que j'avais vu
grandir si rapidement , ont été déraciné par les
grandes inondations qu'il y a eu au printemps. Votre
père nous a chargé de vous instruire , et nous a recommandé de ne rien négliger pour vous rendre
aussi sage qu'instruit. Ne vous écartez jamais de la
bonne route que vous avez résolu de suivre. La ville
qu'on avait engagé à se rendre a été prise d'assaut.
Mes amis , pourquoi n'avez-vous pas étudié les leçons que je vous avais prié d'apprendre, et avez-
vous joué au lieu de vous occuper des devoirs que
je vous avais recommandé de faire ce matin? Les
hommes se sont toujours proposé de faire le bien ,
et l'ont rarement fait. Les Horaces se sont proposé
pour combattre les trois Curiaces. Le peu d'amitié

que vous m'avez témoigné a doublé mon attachement
pour vous. Le peu d'amitié que vous m'avez témoigné a diminué l'attachement que je vous portais. Le
peu de progrès que vous avez fait annoncent que
vous avez étudié avec application. Le peu d'éducation que vous avez reçu vous empêchera de remplir
parfaitement la place que vous avez obtenu. Combien de malheurs n'a-t-on pas vu naître d'une parole
inconsidéré ! Que de milliers d'hommes Alexandre-
le-Grand a contraint de s'entr'égorger pour satisfaire son ambition. Le peu de prévoyance que vous
avez montré est cause du malheur qui est arrivé.
La révolte que ces insensés ont cherché à propager
s'est trouvé étouffé très promptement, ainsi que les
honnêtes gens l'avaient pensé. Nous regagnâmes
par une course rapide le peu de moments que nous
avions perdu. La guerre ne se faisait pas autrefois
comme nous l'avons vu faire dans ces derniers temps.

RÉCAPITULATION.

Sur les différentes difficultés qu'offrent le PARTICIPE
PRÉSENT, *l'*ADJECTIF VERBAL *et le* PARTICIPE
PASSÉ.

J'ai vu la bonne foi banni, les lois les plus saintes
anéanti, toutes les lois de la nature renversé. Les
mortels peu endurant doivent peu compter sur l'a-
mitié des autres. La mère des sept Machabées s'est
vu arracher ses enfants, qui furent massacré sous
ses yeux. Les hommes destiné à vivre entre eux
doivent respecter les lois qu'on a créé. Les vers sont

une langue qu'il est donné à peu de gens de posséder. Les massacres qu'on avait conseillé à Charles IX de commettre ont rendu son nom exécrable. Un grand nombre d'habitants périrent sur le sol qui les avait vu naître. La Judée fut appelé terre promise, parce que Dieu l'avait promis à la postérité des patriarches, et terre sainte, à cause des mystères qui s'y sont opéré. La divinité s'est montré bien sage en nous cachant le moment de notre mort; par ce moyen, elle nous a obligé à une attention continuelle à tous les moments de notre vie. Chez un grand nombre d'hommes l'ambition et l'avarice sont des vices dominant. Nous sommes presque toujours puni par où nous avons péché. La vie des héros a enrichi l'histoire, et l'histoire a embelli la vie des héros. Tous les sacrifices qu'il a fallu faire, vous les avez fait sans balancer. Que d'événements se sont succédé pendant les différentes révolutions qu'il y a eu en France! Que de veilles certains auteurs ont passé pour ne faire que des pièces qu'on a sifflé, ou qui ont médiocrement réussi! Les personnes que j'ai envoyé cueillir mes fruits m'ont assuré qu'elles les avaient trouvé fort beaux. Les hommes rampant devant les grands sont fiers avec leurs égaux. Les sanglantes tragédies que les historiens ont consenti à décrire sont bien propres à humilier l'orgueil de l'homme civilisé. La conduite des Espagnols en Amérique a été beaucoup plus barbare que certains historiens ne l'ont attesté. Quels éloges avez-vous cru qu'on accorderait à des ouvrages que bien des gens honnêtes ont jugé contraires aux bonnes mœurs? Grâce au peu d'encouragements qu'on m'a donné, j'ai senti renaître ma confiance et mon courage.

Exercice sur le même sujet.

Les hommes qui ont rendu de grands services à leur patrie, se sont rendu presque toujours funeste à sa liberté. La mort est rendu moins pénible par là pensée des bonnes actions qu'on a fait. Les impies sont ému à la vue de la mort, et ne peuvent se hasarder à mourir comme ils ont vécu. Les événements les plus extraordinaires se sont succédé avec une telle rapidité, que mon imagination en est effrayé, et que mes pensées, en un seul jour, ont vieilli d'un siècle entier. J'ai vu de vrais chrétiens souffrant avec résignation et sans se plaindre des châtiments qu'ils n'avaient pas mérité qu'on leur infligeât. Le peu d'expérience que ces jeunes gens ont acquis leur a fait commettre bien des fautes. Corneille et Racine se sont élevé au-dessus des poètes qui les ont précédé, et les ont laissé bien loin derrière eux. Les cris qu'elles ont entendu partir de la forêt les ont effrayé, elles ont abandonné la grande route qu'elles avaient résolu de suivre, et ayant fui à travers champs, elles ont regagné à la hâte leur demeure. Les divinités qu'il y a eu chez les nations païennes ont été, pour la plupart, des hommes que la reconnaissance publique avait déifié. La ruine de la monarchie s'est opéré plus rapidement qu'on ne l'avait supposé. C'est à la piraterie qu'exerçaient les Algériens qu'il faut attribuer la résolution que notre gouvernement a pris de former de l'Algérie une colonie française. Accoutumé dès l'enfance aux rigueurs de la raison , et forcé de défendre leur vie contre les bêtes féroces, nos premiers pères avaient nécessairement contracté une vigueur dont nous a privé l'habitude d'une vie efféminé. Les Russes et les Suédois se sont disputé long-temps la possession de la Finlande. Si la nature a destiné les hommes à vivre en bonne intelligence, et les a créé pour s'aimer, pourquoi se sont-ils presque toujours nui et se sont-ils persécuté avec tant d'acharnement ? Combien d'absurdités l'antiquité nous a transmis! combien d'erreurs elle a contribué à propager!

Autre exercice sur le même sujet.

Ces deux jeunes gens se sont plu dès qu'ils se sont connu ; l'amitié et l'estime qu'ils avaient conçu l'un pour l'autre se sont augmenté par l'habitude qu'ils ont contracté de vivre ensemble. Les lois contre le luxe que s'étaient imposé les Spartiates ont servi à faire naître chez eux ce courage qui les a immortalisé. Quels éloges n'ont pas mérité les princes qui se sont fait un devoir de protéger les arts et les sciences ! Les poètes se sont empressé de chanter leur gloire. Le peu de modestie que ce jeune homme a montré a fait mal augurer de son instruction. Les enfants caressant sont d'un caractère et d'un naturel aimant. Voyez cette mère aimant ses enfants , et les caressant. La spéculation que vous m'avez conseillé de faire ne m'a pas procuré tous les avantages que j'avais cru que j'en retirerais. Cette femme généreuse a toujours em-

ployé au soulagement des pauvres les richesses dont
la Providence l'a comblé; elle les a consacré tantôt à
secourir les vieillards que les infirmités attaché à leur
âge avaient réduit à l'indigence, et avaient contraint
de mendier leur pain; tantôt pour faire élever de
malheureux enfants que la mort avait privé de leurs
parents. La foudre que j'ai entendu gronder est
tombé sur des arbres que j'avais vu planter, et
qu'elle a réduit en cendres. On prétend que les Mau-
res se sont servi du canon cinq ans avant la bataille
de Crécy. Parmi les différentes pestes qu'il y a eu
en Europe, celle de Marseille a été une des plus dé-
sastreuses. Le peu d'application que ces élèves ont
apporté les a empêché de donner une solution exacte
des problèmes qu'ils s'étaient proposé de résoudre.
La découverte de l'Amérique est peut-être beaucoup
plus ancienne qu'on ne l'avait cru. Les mouvements
impétueux des passions, dominant toutes nos facul-
tés, ne laissent que peu d'empire à notre raison. Les
calomnies sont toujours avidement reçu, et répété
avec empressement par les méchants. Que de gens
se sont parlé long-temps, et ne se sont pas entendu!
Nos soldats dormant peu, prenant peu de nourriture, et combattant chaque jour, commençaient à
être épuisé. On a dissipé ses richesses, on les a mal
employé, quand elles n'ont pas servi à soulager les
malheureux. Pour être sûr qu'une chose est arrivé,
il faut l'avoir vu arriver ou l'avoir entendu dire
d'une manière positive. Manquer grossièrement aux
règles du langage, c'est mettre au grand jour le peu

d'éducation qu'on a reçu. La reine-mère, errant de ville en ville, mourut dans la pauvreté.

> Ses soldats, à ses pieds étendu et mourant,
> Le mettaient à l'abri de leurs corps expirant.

CHAPITRE VII.

DE L'ADVERBE.

Exercice sur cette partie du discours. (Voyez les numéros 212, 213, 214.)

L'élève désignera, en les soulignant, tous les mots qui sont adverbes ou qui forment des locutions adverbiales.

L'homme qui parle peu s'en repent rarement. César était aussi éloquent qu'il était brave. Nos soldats se sont conduits très bravement. Vivez dans l'oisiveté, et la misère viendra bientôt. On dédaigne aujourd'hui ce qu'on désirera demain. La terre est assez fertile pour nourrir tous les hommes. Un jeune homme ne saurait parler de lui trop modestement. Cléobis et Biton aimèrent tendrement leur mère. Il y a deux choses que l'on trouve rarement réunies : l'esprit et le bon sens. Les ouvrages de la nature sont plus grands et plus durables que ceux de l'homme. Nous sommes si insensés que nous sacrifions presque toujours un bonheur réel à une jouissance chimérique. Celui qui sert fidèlement son pays a droit à l'estime et à la reconnaissance de ses semblables. Nous flottons sans cesse entre la crainte et l'espérance. Il y eut jadis de grands empires. Ne parlez jamais autrement que vous ne pensez. Le temps est un gouffre où tout s'engloutit. L'amitié est une chose si précieuse, qu'il ne faut pas la prodiguer. Un jugement trop prompt est souvent sans justice. L'homme de bien oublie facilement les injures. Ce que nous aimons aujourd'hui nous déplaira peut-être demain, tant nous sommes inconstants. Le riche qui n'a jamais assez, est aussi indigent que le pauvre qui n'a pas le nécessaire. Il n'y a rien de si difficile qu'on ne puisse faire facilement à force de travail.

MODÈLE D'ANALYSE.

Le temps marche rapidement. Vous me verrez demain. Il étudie toujours. Tu es extrêmement docile. Nous sommes moins heureux. Ils ont voyagé long-temps en Espagne.

Le......... art. masc. sing.
temps..... subst. comm. masc. sing. suj. de *marche.*
marche.... verb. neutr. au prés. de l'indic. 3ᵉ pers. du sing. 1ʳᵉ conj.
rapidement. adverbe.
Vous...... pron. pers. 2ᵉ pers. du masc. plur. suj. de *verrez.*
me........ pron. pers. 1ʳᵉ pers. du masc. sing. compl. dir. de *verrez.*
verrez..... verb. act. au futur 2ᵉ pers. du plur. 3ᵉ conj.
demain .... adverbe.
Il........ pron. pers. 3ᵉ pers. du masc. sing. suj. de *étudie.*
étudie ..... verb. act. au prés. de l'indic. 3ᵉ pers. du sing. 1ʳᵉ conj.
toujours ... adverbe.
Tu......... pron. pers. 2ᵉ pers. du masc. sing. suj. de *es.*

5

es . . . . verbe *être* au prés. de l'indic. 2ᵉ pers. du sing.
          4ᵉ conj.
extrêmement adverbe.
docile . . . . . . adject. qualific. masc. sing.
Nous . . . . . . pron. pers. 1ʳᵉ pers. du masc. plur. suj. de
          sommes.
sommes . . . . verb. *être* au prés. de l'indic. 1ʳᵉ pers. du
          plur. 4ᵉ conj.
moins . . . . . . adverbe.
heureux . . . . adject. qualific. masc. plur.
Ils . . . . pron. pers. 3ᵉ pers. du masc. plur. sujet de
          ont voyagé.
ont voyagé. verb. neutr. au passé indéf. 3ᵉ pers. du plur.
          1ʳᵉ conj.
long-temps . locution adverbiale.
en . . . . prép.
Espagne . . . . subst. propr. fém. sing. compl. indir. de *ont*
          voyagé.

CHAPITRE VIII.

DE LA PRÉPOSITION.

Exercice sur cette partie du discours. (Voyez les numéros 216, 217, 218, 219.)

L'élève soulignera chacune des prépositions et des locutions prépositives qui sont dans cet exercice.

Cet événement s'est passé avant la naissance de Jésus-Christ. Le méchant a tout le monde contre lui. Voici le code de l'égoïste : Tout pour lui, rien pour les autres. La fortune vient après la vertu dans l'estime des honnêtes gens. Soyez indulgent pour les autres et sévère envers vous. Le sable de la mer Caspienne est si subtile, que les Turcs disent en proverbe qu'il pénètre à travers la coque d'un œuf.

Parlez toujours selon votre conscience. On peut acquérir une célébrité honorable sans efforts et sans travail. Parmi ces écrivains, il y en a peu dont le nom passera à la postérité. L'homme léger n'est jamais d'accord avec lui-même. On se fait aimer par la douceur et la bonté. Le siége de Troie a duré pendant dix ans. Les talents produisent suivant la culture qu'ils ont reçue. Il a tout perdu hors l'honneur. La haine qui existe entre les méchants ne s'éteint jamais.

Exercice sur le même sujet.

L'élève, dans cet exercice, soulignera chaque préposition, ainsi que le mot qui forme avec elle le complément indirect.

Cette maison est située vers le nord. Le soleil avait disparu depuis deux heures. Le vaisseau lutta pendant un jour contre la violence des flots. Soyez charitable envers les pauvres. Nous passâmes à travers les écueils. L'oisiveté ressemble à la rouille : elle use plus que le travail. La gloire d'un souverain consiste dans le bonheur de ses peuples. Écrivez les injures sur le sable, et les bienfaits sur l'airain. L'armée se trouva arrêtée entre deux montagnes. L'intrigant se sert de tous les moyens pour parvenir à son but. On ne devient pas instruit sans un travail long et soutenu. Bien des siècles se sont écoulés depuis le déluge. L'infortuné est soutenu par l'espérance. Rome fut fondée long-temps avant l'ère chrétienne. Il cultive avec succès tous les arts, excepté la peinture. Les eaux de la mer s'élèvent en vapeurs, se convertissent en nuages et tombent en pluie sur le globe. Les ministres étaient placés autour du trône.

MODÈLE D'ANALYSE.

La lune nous éclairait depuis une heure. L'éloquence vient du cœur. L'homme vertueux meurt sans regret. Il parle en faveur de ses amis.

La . . . . . art. fém. sing.

lune . . . . subst. propr. fém. sing. suj. de *éclairait*.

nous . . . . pron. pers. 1re pers. du masc. plur. compl. dir. de *éclairait*.

éclairait . verb. act. à l'imparf. de l'indic. 3e pers. du sing. 1re conj.

depuis . . . préposition.

une . . . . . adject. numér. card. fém. sing.

heure . . . subst. comm. fém. sing. compl. indir. de *éclairait*.

La . . . . . art. fém. sing.

éloquence. subst. comm. fém. sing. suj. de *vient*.

vient . . . . verb. neutr. au prés. de l'indic. 3e pers. du sing. 2e conj.

du . . . . . . art. contr. pour *de le : de*, prép.; *le*, art. masc. sing.

cœur . . . . subst. prop. masc. sing. compl. indir. de *vient*.

Le . . . . . . art. masc. sing.

homme . . subst. comm. masc. sing. suj. de *meurt*.

vertueux. adject. qualific. masc. sing.

meurt . . . verb. neutr. au prés. de l'indic. 3e pers. du sing. 2e conj.

sans . . . . préposition.

regret . . . subst. comm. masc. sing. compl. indir. de *meurt*.

Il. . . . . . pron. pers. 3e pers. du masc. sing. suj. de *parle*.

parle . . . verb. neutr. au prés. de l'indic. 3e pers. du sing. 1re conj.

en faveur de. locution prépositive.

ses. . . . . adj. poss. masc. plur.

amis. . . . subst. comm. masc. plur. compl. indir. de *parle*.

CHAPITRE IX.

DE LA CONJONCTION.

Exercice sur cette partie du discours. (Voyez les numéros 220, 221, 222.)

L'élève indiquera, en les soulignant, les conjonctions et les locutions conjonctives qui se trouvent dans cet exercice.

Tout annonce que Dieu existe. Soyez bon, si vous voulez être aimé. Le luxe amollit et corrompt les ames. Le thermomètre mesure la chaleur comme le froid. La faveur détruit ou rebute les talents. Quoique la vie soit bien courte, elle est cependant assez longue pour bien vivre. Celui qui a commis une faute, mais qui s'en repent, mérite de l'indulgence. Ce qui blesse la justice ne doit se conseiller ni s'exécuter. Dieu a créé le ciel et la terre. Quand on est riche , il faut faire des heureux. L'homme est incertain dans ses résolutions : tantôt il veut une chose, tantôt il en veut une autre. Tandis que tout change dans la nature, elle-même reste immuable. Nous ne devons pas être orgueilleux , car nous sommes nés faibles et dépourvus de toute capacité. Que d'hommes ont le cœur excellent, quoiqu'ils aient la tête mauvaise ! La fortune , soit bonne , soit mauvaise, ne peut rien sur l'ame du sage. Un État touche à sa ruine , lorsqu'on élève les mécontents au premier rang. Il ne faut être ni avare ni prodigue. Henri IV sera toujours cher aux Français , parce qu'il mettait sa gloire et son bonheur à rendre son peuple heureux. Dieu accorde le sommeil aux méchants, afin que les bons aient quelques moments de tranquillité. Aimez et pratiquez la vertu , puisqu'elle seule peut nous rendre heureux. On secourt plus volontiers les malheureux , si on l'a été soimême.

MODÈLE D'ANALYSE.

On est aimé, quand on est obligeant. Cet homme est bon, mais il est faible. L'homme prudent ménage le temps et les paroles. Nous serions plus heureux si nous étions sages.

On..... pron. indéf. 3ᵉ pers. du masc. sing. suj. de *est aimé.*

est aimé . verb. passif au prés. de l'indic. 3ᵉ pers. du sing. 1ʳᵉ conj.

quand .. conjonction.

on ..... pron. indéf 3ᵉ pers. du masc. sing. suj. de *est.*

est..... verb. *être* au prés. de l'indic. 3ᵉ pers. du sing. 4ᵉ conj.

obligeant. adject. qualif. masc. sing.

Cet .... adj. démonstr. masc. sing.

homme.. subst. comm. masc. sing. suj. de *est.*

est ..... verb. *être* au prés. de l'indic. 3ᵉ pers. du sing. 4ᵉ conj.

bon .... adj. qualif. masc. sing.

mais ... conjonction.

il ..... pron. person. 3ᵉ pers. du masc. sing. suj. de *est.*

est..... verb. *être* au prés. de l'indic. 3ᵉ pers. du sing. 4ᵉ conj.

faible. .. adj. qualif. masc. sing.

Le ..... art. masc. sing.

homme.. subst. comm. masc. sing. suj. de *ménage.*

prudent . adj. qualif. masc. sing.
ménage . verb. act. au prés. de l'indic. 3e pers. 1re conj.
le...... art. masc. sing.
temps... subst. comm. masc. sing. compl. dir. de *ménage*.
et....... conjonction.
les..... art. fém. plur.
paroles.. subst. comm. fém. plur. compl. dir. de *ménage*.
Nous... pron. pers. 1re pers. du masc. plur. suj. de *se-*
        rions.
serions.. verb. *être* au condit. prés. 1re pers. du plur.
      4e conj.
plus.... adverbe.
heureux. adj. qualif. masc. plur.
si....... conjonction.
nous.... pron. pers. 1re pers. du masc. plur. suj. de *étions.*
étions... verb. *être* à l'imparf. de l'indic. 1re pers. du plur.
      4e conj.
sages.... adj. qualif. masc. plur.

CHAPITRE X.

INTERJECTION.

Exercice sur cette partie du discours. (Voyez les
numéros 223 et 224.)

L'élève désignera, en les soulignant, toutes les interjec-
tions qui se trouvent dans cet exercice.

Ah! que la vertu a de charmes! Oh! que nous ne
sommes rien! Hé bien, vous ne répondez pas? Ah!
que je suis content de vous voir! Hélas! accourez
tous. Hélas! que ne puis-je venir au secours de tous
les malheureux! Chut! votre père dort; craignez de
le réveiller. Fi! que vous faites mal! Hé bien! quand
aurez-vous fini? Hélas! je ne puis rien pour vous
consoler.

MODÈLE D'ANALYSE.

Ah ! je reconnais bien votre bon cœur. Hélas! mon bonheur a disparu avec mes amis. Chut! on nous écoute. Hé
bien ! quand me répondrez-vous ?

Ah!.... interjection.

je...... pron. pers. 1re pers. du masc. sing. suj. de *reconnais.*

reconnais verb. act. au prés. de l'indic. 1re pers. du sing.
4e conj.

bien.... adverbe.

votre... adj. poss. masc. sing.

bon.... adj. qualif. masc. sing.

cœur... subst. comm. masc. sing. compl. dir. de *reconnais.*

Hélas!.. interjection.

mon.... adj. possess. masc. sing.

bonheur subst. comm. masc. sing. suj. de *a disparu.*

a disparu verb. neutr. au passé indéf. 3e pers. du sing.
4e conj.

avec.... prépos.

mes.... adj. poss. masc. plur.

amis.... subst. comm. masc. plur. compl. indir. de *a disparu.*

Chut!.. interjection.

on..... pron. indéf. 3e pers. du masc. sing. suj. de
écoute.

nous... pron. pers. 1re pers. du masc. plur. compl. dir.
de *écoute.*

écoute.. verb. act. au prés. de l'indic. 3e pers. du sing.
1re conj.

Hé bien! interjection.

quand... conjonction.

me..... pron. pers. 1re pers. du sing. compl. indir. de
répondrez.

répondrez verb. act. au fut. 2e pers. du plur. 4e conj.

vous?... pron. pers. 2e pers. du masc. plur. suj. de
répondrez.

RÉCAPITULATION

*Sur l'*ADVERBE, *la* PRÉPOSITION, *la* CONJONCTION
*et l'*INTERJECTION.

(Voyez depuis le numéro 212 jusqu'au numéro 224.)

L'élève, en copiant cet exercice et le suivant, soulignera
chacune des parties du discours qui en font l'objet, et après
chaque mot souligné indiquera ce qu'il est, au moyen des
abréviations *adv. — prép. — conj. — interj.*

La plupart des hommes ne songent pas que la vie
s'écoule promptement. Rien n'est constant dans le
monde, ni les fortunes les plus florissantes, ni les ré-
putations les mieux établies. Les personnes riches
ne sont pas toujours aussi heureuses qu'on le suppose. Hélas! ayez pitié de nous, que le malheur accable. Une personne parfaitement prudente ne dit rien
sans y avoir réfléchi sérieusement. Il faut toujours se
gouverner suivant le temps et selon les personnes à
qui on a affaire. Les hommes vivent comme s'ils ne
devaient jamais mourir. Holà! qui ose frapper si
brusquement? Traitez vos semblables comme vous
voudriez qu'ils vous traitassent. A mesure que nous
sommes heureux, nous voudrions l'être davantage.
Ah! qu'un ami est une douce chose! L'Amérique a
été découverte vers la fin du quinzième siècle. A
moins qu'un homme ne soit un monstre, le récit
d'une grande infortune doit l'attendrir. L'homme,
en naissant, a le sentiment du plaisir et de la douleur. Tout périt, hors la gloire et surtout la vertu.
Dans l'administration des affaires, l'homme de bien

5*

craint toujours de paraître s'occuper plus de sa
gloire et de ses intérêts que de ceux de l'État.

Exercices sur le même sujet.

Dans la prospérité, il est agréable d'avoir un
ami ; dans le malheur, c'est un besoin. Le mortel
heureux contracte une dette avec le malheur. Il n'y
a pas d'offense que nous sentions plus vivement que
le mépris. Hélas! pourquoi la mort frappe-t-elle les
gens vertueux? La justice fait naufrage où la haine
domine. L'admiration et la reconnaissance déifièrent
les mortels. La raison, ainsi que la foi, nous révèle
l'existence d'un Dieu. Faites du bien à vos semblables, non pour en tirer quelque avantage, mais pour
remplir les devoirs que vous impose l'humanité.
C'est lorsqu'on est dans la prospérité qu'il faut se
préparer à l'adversité. Oh! qu'il est doux de soulager l'infortune! Auguste régna quarante ans avant
Jésus-Christ. Et le riche et le pauvre, et le faible et
le fort sont tous sujets à la mort. Composez lente-
ment vos ouvrages, et corrigez-les sans cesse. Je
doute qu'on puisse être heureux, quand on a une
faute à se reprocher. Hé bien, pourquoi gardez-vous
le silence? La vertu sous le chaume attire nos hommages. Les méchants ou sont punis ou sont toujours
dans la crainte d'être punis. C'est un défaut de con-
sacrer beaucoup de temps à des choses difficiles et
sans utilité. L'homme fait l'éloge de la pauvreté et
du désintéressement, et cependant il est avide de richesses et d'honneurs. Nous nous trompons sur le

compte des autres, parce que notre imagination nous les peint autrement qu'ils ne sont.

CHAPITRE XI.

REMARQUES PARTICULIÈRES.

DU SUBSTANTIF.

Exercice sur le pluriel des noms propres. (Voyez le numéro 225.)

L'élève corrigera les fautes qui ont été faites à dessein dans cet exercice.

Les Montmorencys sont illustres. L'Italie n'a pas eu deux Raphaël. Les Molière et les Racine sont rares. Les deux Sénèques se sont distingués dans les lettres. On peut être de grands orateurs sans être des Bossuet. Les Condé et les Turenne furent les plus grands capitaines du siècle de Louis XIV. Les deux Plines étaient des auteurs latins. Les Colbert ne sont pas moins utiles aux rois que les Catinat. Les David et les Girodet étaient de grands peintres. L'intérêt fait naître des Caïn au sein des familles. Les Charlemagne et les Napoléon ont fondé chacun un empire d'Occident. Les Néron et les Robespierre ont été des monstres à face humaine. Chaque nation se vante d'avoir eu ses Corneille et ses Molière. Les deux Sci-

pion périrent en Espagne. Les lettres et les arts fleu-
rirent sous les Périclès et les Auguste. Un grand roi
peut faire naître des Horace et des Virgile. Les Mas-
sillon et les Bourdaloue n'ont pas eu de successeurs.
On doit placer les Despréaux et les Racines à côté
des Horaces et des Virgiles. Donnez-moi des David
et des Pharaons, amis du peuple et de Dieu, ils pourront avoir des Nathan et des Joseph pour leurs ministres.

Exercice sur le pluriel des substantifs tirés des langues
étrangères. (Voyez le numéro 226.)

Que de choses inutiles dans de gros in-folio! Il y a
de l'abus à multiplier les alinéa. Ils ont dit trois pater
et trois avé. On trouve dans nos opéra des solo, des
duo et des trio charmants. Nous devons à la litho-
graphie des fac-simile très bien faits. On a chanté
des te Deum dans toutes les villes du royaume. L'in-
vention des piano date de 1760. Je préfère les in-
octavo aux in-douze. Les hommes sont comme les
zéro : leur valeur dépend de la place qu'ils occu-
pent. De nombreux bravo retentirent dans l'assem-
blée. La France a eu ses auto-da-fé. Vos frères chan-
tèrent des noëls et des alleluia. Les malheureux que
la misère accable ressemblent souvent à des ecce-
homo. Les calembours et les quolibet sont des plai-
santeries de mauvais goût. Les mauvais écoliers sont
accablés de pensum et privés d'exeat ; les bons obtiennent des satisfecit, et à la fin de l'année reçoivent des prix ou des accessit.

Exercice sur le pluriel des substantifs composés.(Voyez
les numéros 227, 228, 229, 230 et suivants.)

Il y a dans ces fermes de riches basse-cour. Les
rouge-gorge sont de charmants oiseaux. Les belle-
mère sont souvent des marâtres. Tous les amour-propre sont facilement irritables. Les petit-maître sont
vains et ridicules. Les chauve-souris sont des quadrupèdes volants. Les Italiens ont de l'aversion
pour les basse-taille. Ces insectes sont des cerf-vo-
lant. Il y a en France quatre-vingt-six chef-lieu de
préfecture. Les étrangers ont appris aux Russes à
cultiver les chou-fleur. Le plumage des martin-pê-
cheur se fait remarquer par la richesse de ses couleurs. Les laurier-rose viennent de la Perse. Les
borne-fontaine contribuent à la salubrité de Paris.
Cinna et Athalie sont des chef-d'œuvre inimitables.
Les ciel-de-lit sont aujourd'hui plus légers et plus
élégants qu'autrefois. Selon Bossuet, les arc-en-ciel
ont été, depuis le déluge, les signes de la clémence
de Dieu. Les belle-de-nuit n'ouvrent leurs fleurs que
dans l'obscurité. C'est la vertu et le mérite qui donnent l'immortalité, et non les arc-de-triomphe. Les
épi-d'eau sont des plantes aquatiques. Les jet-d'eau
du parc de Versailles excitent l'admiration des étrangers.

Exercice sur le même sujet.

Dans le pays chauds on se sert de chasse-mouche.
Les éclairs sont les avant-coureur du tonnerre. Les

abat-jour servent à augmenter la lumière sur un point. Mithridate portait toujours avec lui des contre-poison. L'espérance d'un plaisir est un des plus doux réveille-matin. Laissons de bons exemples à nos arrière-neveu. L'étude de la nature fournit les plus doux passe-temps. Tout change dans les révolutions et les contre-révolution. Les maisons de jeu sont de véritables coupe-gorge. Dans chaque préfecture il y a plusieurs sous-préfet. Quelques peuplades sauvages sont armées de casse-tête. Les avant-garde reçoivent le premier feu de l'ennemi. Les arrière-garde sont toujours harcelées dans une retraite. Donnez des pour-boire à ceux qui les ont mérités. La vertu, le génie et le travail sont les passe-partout qui ouvrent le temple de la gloire. Les gâte-métier sont des ouvriers qui travaillent à bas prix. Près des garde-manger on place souvent des essuie-main. Des éloges exagérés doivent être considérés comme des contre-vérité. Il y a des gobe-mouche de toutes les classes et de tous les âges. Il y a des perce-neige de différentes couleurs.

ARTICLE.

Exercice sur l'emploi de l'article DU, DE L', DE LA, DES, *et de la préposition* DE. (Voyez le numéro 34.)

Dans cet exercice l'élève remplacera le tiret (—) par *du, de l', de la, des,* selon le genre et le nombre du substantif, ou simplement par la préposition *de.*

L'homme qui a — génie et — activité est un être privilégié. Il y a — hommes chez lesquels la sottise jette — racines profondes. Votre frère a acheté — beau papier et — bonne encre. Cet ouvrier fait — bonne besogne. La famine a fait périr — nombreuses familles. Heureux celui qui possède — amis véritables! Démosthène et Cicéron ont été — grands orateurs. Celui qui a fait — bien pendant sa jeunesse se prépare une vieillesse paisible et heureuse. Le menuisier a employé — bon bois pour faire cette table. Aimez les personnes qui vous donnent — bons conseils et — bons exemples. Souvent — petites causes produisent — grands effets. La gloire, la richesse, ne sont que — choses imaginaires; la vertu seule a — réalité. Beaucoup d'hommes sont — vieux enfants. Les dernières inondations ont causé — grands désastres. On se console d'être séparé de ses amis quand on en reçoit souvent — nouvelles. Aux douceurs du monde Dieu mêle sagement — salutaires amertumes. Bien des gens forment — vastes projets, peu savent les exécuter. On a employé — beau papier pour imprimer cet ouvrage. — usages nouveaux remplacent les anciens; il faut s'y conformer quoiqu'on n'en retire pas — grands avantages. Avec — bons outils un ouvrier inhabile fait toujours — mauvaise besogne.

ADJECTIF QUALIFICATIF.

Exercice sur les adjectifs NU , DEMI , EXCEPTÉ , SUPPPOSÉ *et* FEU. (Voyez les numéros 235 et 236.)

L'élève corrigera les fautes qui se trouvent dans cet exercice.

Que de gens la misère contraint à marcher nu-pieds. Julien conduisait son ami à pied et la tête nu. Une demie-heure bien employée suffit pour faire beaucoup de choses. Cet orateur parla pendant une heure et demi. La ville de Thèbes fut détruite par Alexandre , la maison du poète Pindare excepté. Supposé la terre immobile, il faut nécessairement que tous les astres tournent autour d'elle. Il est des gens qui s'affligent autant des maux supposé que des malheurs véritables. La feu duchesse d'Orléans était extrêmement charitable. Feu l'impératrice était aussi bonne qu'aimable. Trente minutes font une demi-heure, et quatre-vingt-dix minutes font une heure et demi. Exceptée la religion , rien dans ce monde ne peut nous consoler de mourir. Certains artisans travaillent nu–tête et pieds nu. Votre feu mère était plus généreuse que feue votre cousine. Tout le corps d'Achille était invulnérable excepté une partie, le talon, par lequel sa mère l'avait tenu en le plongeant dans le Styx. Le baobab a plus de trois toises et demi de circonférence. Supposé l'ame périssable, la société n'a plus de fondement. Il est bon de tenir les **enfants** nu-tête et bras nu.

ADJECTIF DÉTERMINATIF.

Exercice sur les adjectifs déterminatifs VINGT, CENT
et MILLE. (Voyez les numéros 237 et 238.)

L'élève corrigera les fautes qui se trouvent dans cet exercice.

Quatre-vingt maisons sont devenues la proie des flammes. Deux cent cavaliers s'emparèrent de la ville. Cette galerie a quatre-vingt-dix toises de longueur. Le son parcourt trois cent quarante mètres par seconde. Napoléon naquit en l'an mille sept cent soixante-douze. La terre a neuf mille lieues de tour. La vitesse ordinaire des chemins de fer est de vingt-quatre mille à l'heure. Le cercle qui était divisé en trois cent soixante degrés, l'est en quatre cent depuis l'introduction du système décimal. Les bâteaux à vapeur ont été inventés en l'an mille huit cent quinze. Les mille d'Angleterre sont un peu plus longs que les mille d'Italie. Il est entré quatre-vingt vaisseaux dans le port de Nantes. Ce régiment se compose de douze cent soldats et de quatre-vingt-dix officiers. Sur deux milles personnes qui naissent, il n'y en a pas quatre-vingt-dix qui parviennent à l'âge de quatre-vingt ans. Un bon cheval de course peut parcourir trois mille en six minutes. La révolution de mille huit cent trente s'est terminée en trois jours. Paris est à trois cent lieues de Vienne. Les meilleures terres de ce pays se paient trois mille francs l'arpent.

Exercice sur l'emploi des adjectifs déterminatifs SON,
SA, SES, LEUR, LEURS, MÊME. (Voyez les numéros
239, 240, 241, 242, 243 et 244.)

L'élève corrigera les fautes qui se trouvent dans cet
exercice.

Cacher le mérite d'une bonne action, c'est relever
son prix. Le grand siècle littéraire de la France est
le siècle de Louis XIV ; ses chefs-d'œuvre seront
éternellement admirés. Le peuple désire souvent les
révolutions, quoiqu'il ait à redouter leurs suites. Les
hommes de ce siècle ont les même vices et les
même passions que les hommes des siècles précé-
dents. Ne nous reposons pas sur la vertu de nos
pères ; soyons nous-même gens de bien. Les vain-
queurs même paraissaient affligés de leur triomphe.
Nos soldats, au lieu d'attaquer l'ennemi avec leur
impétuosité ordinaire, n'osaient mêmes pas com-
mencer le combat. Les castors, les abeilles, les
fourmis mêmes nous donnent l'exemple du travail et
de la prévoyance. Tous ceux qui ont voyagé en
Italie ont admiré son climat, son ciel pur et ses monuments. Les vieillards eux-même manquent d'expérience en beaucoup de choses. Ses meilleurs amis,
loin de le plaindre, l'accusent même d'être l'auteur
de sa disgrâce. La fortune est inconstante ; ses faveurs sont éphémères. Les oiseaux, les ruisseaux,
les arbres mêmes ne faisaient entendre aucun bruit.
Tout périt, les plus grands empires même.

Exercice sur les adjectifs déterminatifs QUELQUE et
TOUT. (Voyez les numéros 245, 246, 247, 248,
249, 250, 251 et 252.)

L'élève corrigera les fautes faites à dessein dans cet
exercice.

Quelque soit votre capacité, quelque soient vos
talents, n'en tirez pas vanité. Quelque maux qui l'affligent, un chrétien doit les supporter sans murmurer.
Quelques vicieux que soient nos penchants, nous
pouvons les surmonter avec du courage et de la
persévérance. Quel que adroitement que les juges s'y
prennent, ils ne parviennent pas toujours à décou-
vrir la vérité. Quelque soient vos peines, quelques
grands que soient vos malheurs, soumettez-vous à
la volonté de la divine Providence. Quelque beautés
qu'aient les œuvres des hommes, elles ne sont rien
auprès des productions de la nature. Nous commet-
tons bien des fautes, quelques prudents, quels que
expérimentés que nous soyons. Quelque soit votre
mérite, quelque soient vos vertus, l'envie ne nous
laissera pas en repos. Tout amitié qui n'est pas fondée sur l'estime n'est pas durable. Tous puissants et
tous riches que sont les hommes, ils ne doivent pas
s'enorgueillir. Tout l'habileté d'Annibal ne put sauver Carthage. Toute instruite et tout savante même
qu'est une femme, elle ne doit chercher à se faire
remarquer que par sa modestie. C'est la vie toute
entière d'un homme qui doit faire son éloge après
sa mort. Cette jeune personne est tout honteuse

d'avoir mérité les reproches qu'on vient de lui faire,
quelques peu graves qu'ils soient. Tous méchants
que nous sommes, Dieu nous traite avec indulgence.
Les hommes sont tout exposés aux même misères et
aux même chagrins.

PRONOMS.

PRINCIPALES DIFFICULTÉS QU'OFFRE L'EMPLOI DES PRONOMS.

Exercice sur les pronoms SOI, LE, LA, LES. (Voyez
les numéros 262, 263, 264 et 265.)

L'élève corrigera les fautes qui se trouvent dans cet exercice.

La vertu et les talents ont en soi un attrait qui
nous porte à les cultiver. Un jeune homme modeste
ne parle de soi qu'avec réserve. Il n'y a personne qui
ne rapporte à lui-même les talents qu'il a reçus de la
nature. Que de germes de mort portent en soi les
pauvres humains ! Êtes-vous la maîtresse de cette
maison ? Je le suis. Êtes-vous les trois Romains qu'on
a choisis pour le combat ? Nous le sommes. Êtes-
vous maîtresse ici ? Je la suis. Êtes-vous Romains ?
Nous les sommes. L'huile dont certains peuples sauvages se frottent le corps les fait paraître plus oli-
vâtres qu'ils ne les sont. L'ange dit à Marie qu'elle
serait la mère du Christ, et elle le fut. Saint Louis
ne se portait que malgré soi à des actes de sévérité.
Ma fille désire être votre amie, et vous ne voulez-
pas qu'elle le soit. Les siècles se succèdent et em-

portent tout avec soi. Les hommes ne sont pas nés vicieux, et ils ne les deviennent que par de mauvaises fréquentations. Les gens de bon sens ont en soi des principes d'équité naturelle. Elle demande à être la protectrice de ces malheureux, et l'on ne veut pas qu'elle le soit. Quiconque n'aime que lui ne doit pas s'attendre à être aimé des autres.

Exercice sur l'emploi des pronoms CELUI-CI, CELUI-LA, QUI *et* ON.

(Voyez les numéros 266, 267, 268, 269 et 270.)

L'élève corrigera les fautes qui existent dans cet exercice.

Quelle différence entre les ouvrages de l'art et les productions de la nature! Dans ceux-ci, c'est le travail et le fini qu'on admire ; dans celles-là c'est le sublime et le prodigieux. Il n'y a que moi qui s'intéresse assez à vous pour vous dire tout le mal qu'on pense de vous. Le soleil, autour de qui tournent les planètes, est à trente-quatre millions de lieues de nous. La paresse est un sommeil où on n'a guère de bons rêves. Si on accuse votre ami absent, défendez-le. Trop souvent on préfère la satisfaction de la vengeance au plaisir de pardonner; cependant celle-ci ne dure qu'un moment, tandis que celui-là est éternel. Toi qui te dit mon ami, resteras-tu insensible à mon malheur? Si on craint de déplaire aux hommes, pourquoi ne craint-on pas de déplaire à Dieu? On finit par vaincre les vices contre qui on lutte avec courage. Un magistrat intègre et un brave officier sont également utiles : celui-ci fait la guerre aux ennemis domestiques : celui-là nous protége contre les ennemis extérieurs. La vie est un voyage où on rencontre bien des écueils. Il n'y a que vous qui m'ait accueilli avec bonté. On aime et on admire le mérite, quand la modestie rehausse son éclat. L'adversité est plus avantageuse à l'homme que la prospérité : celle-ci le fait rentrer en lui-même; celle-là ne sert souvent qu'à l'enorgueillir. N'accuse pas ton sort, c'est toi seul qui l'a fait.

Exercice sur l'emploi des pronoms CHACUN, PERSONNE, L'UN ET L'AUTRE, L'UN L'AUTRE. (Voyez les numéros 271, 272, 273, 274, 275, 276 et 277.)

L'élève corrigera les fautes qui se trouvent dans cet exercice.

Tous les hommes ont chacun ses défauts, comme ils ont chacun ses qualités. On récompense les élèves, chacun selon leur mérite et leur effort. La nature a voulu que toutes ses productions soient parfaites, chacune dans leur genre. Personne n'est assez insensée pour élever des doutes sur l'immortalité de l'ame. Les personnes dont l'imagination est vive sont rarement doués d'un sens droit. Les méchants se craignent et se détestent les uns et les autres. Certaines planètes ont chacune ses satellites ou lunes, qui tournent autour d'elles. Les personnes incapables d'oublier les bienfaits sont ordinairement généreux. On a dit de Corneille et de Racine : l'un l'autre sont les plus grands poètes que la France ait

vu naître. Annibal, après avoir loué la valeur des
Gaulois, les renvoya chacun dans leur patrie. Y a-t-
il personne assez hardie pour oser me contredire?
Charles-Quint et François Ier s'estimaient l'un et
l'autre, quoiqu'ils ne s'aimassent pas. Toutes les
langues ont chacune ses beautés et ses bizarreries.
Personne ne peut se flatter d'être toujours heureuse.
La Fontaine et Boileau ont atteint à la perfection,
chacun dans leur genre. La plupart des historiens
ont raconté cet événement, chacun d'après leurs
impressions. Scipion et Annibal ayant eu une entre-
vue à Zama, se regardèrent l'un et l'autre attentive-
ment, saisis d'une admiration réciproque. La flamme
ayant été aperçue par les assiégés et par les assié-
geants, les uns les autres s'imaginèrent que c'était
un signal donné par la flotte du roi.

VERBE.

Exercice sur l'accord du verbe. (Voyez les numéros 278 , 279 et 280.)

L'élève corrigera les fautes qui se trouvent dans cet exercice.

La totalité de nos grands écrivains prouvent que
notre langue n'est pas dépourvue d'harmonie. Une
foule de barbares attaqua l'empire romain et le subjugua. Une multitude d'erreurs obscurcit l'esprit des
ignorants. La plus grande partie des hommes manquent de bon sens et d'expérience. Un grand nombre
de canaux parcourent l'Angleterre ; cette multitude

de rivières factices y favorisent l'agriculture et l'industrie. Le grand nombre de chef-d'œuvre dont la France s'honore suffiraient seul pour immortaliser une nation. Une multitude de passions divise les hommes. Une foule de préjugés nous empêche de voir les choses telles qu'elles sont. La plupart des entreprises échoue faute de persévérance dans ceux qui les exécute. C'est les bons exemples qui font des gens vertueux. Ce sont le travail et le temps qui sont les éléments du succès. C'est les Américains qui ont eu les premiers bateaux à vapeur. Ce ne sont pas nous qu'on peut accuser de cette faute. La moitié des hommes ne parviennent pas à un âge avancé. Ce n'est pas ceux qui ont le moins d'instruction qui sont les plus modestes. Une troupe de cavaliers pénétra dans la ville et s'en empara. Ce sont la pluie et la chaleur qui féconde la terre. La multiplicité des chefs mirent la désunion dans l'armée. La plupart des hommes sacrifie leurs intérêts à leurs plaisirs. Ce fut les Phéniciens qui, les premiers, inventèrent l'écriture. Si le nombre des cultivateurs étaient double, les terres rapporteraient bien davantage. Une infinité d'artistes tient plus à la gloire qu'à la fortune. Ce sont la mollesse et le luxe qui cause la ruine des nations. L'immensité des eaux dont la terre est couverte étonnent l'imagination.

Exercice sur le complément du verbe. (Voyez numéros 281, 282 et 283.)

L'élève corrigera les fautes qui existent dans cet exercice.

C'est à vos parents à qui vous devez tout votre amour et votre reconnaissance. C'est de votre père de qui j'attends ce service. C'est des dépositaires de l'autorité de qui il dépend de la faire aimer ou haïr. C'est en Dieu en qui nous devons mettre toute notre confiance. On doit chérir et obéir à ses parents. La modestie relève et donne un nouveau charme au mérite. Aimez et faites du bien à votre prochain. Une troupe de soldats entra et sortit presque aussitôt de la ville. L'homme de bien aime et tient à ses devoirs. C'est pour vous seul, ô mon fils! pour qui je me suis imposé tant de privations. La force fonde, étend et donne de la durée aux empires. C'est par vous par qui j'ai obtenu cette grâce. La simplicité et le naturel charment, et exercent un grand empire sur tous les esprits droits. Ce n'est pas à l'homme à qui il appartient de censurer ce que Dieu a fait. L'homme habile sait connaître et tirer parti de ses avantages. Rien ne cause ni ne contribue plus à la dépravation des mœurs que les mauvais exemples donnés par les grands. L'homme n'aime pas à songer ni à s'occuper trop de son néant. Xercès vaincu fut obligé de regagner et de séjourner quelque temps dans son royaume. C'est aux Égyptiens à qui les sciences doivent les premiers progrès qu'elles ont fait. Quand on connaît, et

6

qu'on a confiance dans son mérite, on n'est pas jaloux du mérite d'autrui.

Exercice sur l'emploi de l'imparfait de l'indicatif, du passé défini et des temps du subjonctif. (Voyez les numéros 284, 286, 287 et 288.)

L'élève corrigera les fautes qui se trouvent dans cet exercice et dans le suivant.

Les anciens croyait que le soleil tournait autour de la terre. Antonin pensait avec raison qu'il valait mieux sauver un seul citoyen que de détruire mille ennemis. Un roi disait qu'il ne trouvait les rois heureux que parce qu'ils avaient le pouvoir de faire des heureux. J'écrivis cette semaine à vos parents, j'ignore quand ils me répondront. Je donnai mes ordres ce matin à mes subordonnés, et je les congédiai. Je ne crois pas que vous étudiez avec ardeur. La patrie exige que nous lui sacrifions nos intérêts les plus chers. Je ne suppose pas que vous avez négligé de remplir vos devoirs. Pensez-vous que l'Amérique a été connu des anciens? Je voudrais que vous suiviez les bons conseils qui vous ont été donné. On craignit avec raison que de nouveaux désordres n'éclatent. Je n'ai pas cru que vous étiez mon ami. J'aurais désiré que vous me donniez cette preuve de confiance. Nous avons demandé que vous nous rendiez ce service. Tu ne savais pas que nous avions voyagé en Italie. Vous ne pensâtes pas que nous aurions fait de si grands efforts. Votre maître aurait désiré que vous vous soyez montré plus laborieux. Les Romains ne doutaient pas qu'Annibal ne leur fasse la guerre ; mais ils doutaient qu'il traverse les Alpes, et qu'il défasse leurs plus habiles généraux. Alexandre n'assiégea jamais une ville sans qu'il la prenne, n'entra jamais dans un pays sans qu'il le soumette. Il s'en fallut peu que Caligula ne fasse disparaître de toutes les bibliothèques les ouvrages de Virgile et de Tite-Live. Je ne pense pas que vous employez votre temps aussi utilement que vous le pourriez. Les jeunes Lacédémoniens attendaient, pour s'asseoir, que les vieillards soient assis. La religion exige que vous oubliez les offenses qui vous ont été faites.

Exercice sur le même sujet.

Ce sage avait coutume de dire que la santé valait mieux que les richesses, et que la vertu valait mieux que la santé. Je désire que vous conciliez vos intérêts et votre devoir. On ne suppose pas que vous employez une partie de votre fortune à secourir les malheureux. J'appréhendais que vos affaires ne vous aient forcé de vous absenter. Vous voulez que nous fuyons loin des lieux qui nous ont vu naître. Pythagore disait que pour trouver la vérité, il fallait la chercher avec une ame pure. Il faudra que nous essayons de surmonter les difficultés qui se sont présenté. Pour réussir, il aurait fallu qu'il ait consulté des personnes expérimentées. Dieu a permis que les barbares s'emparent de cette contrée, où ils fondèrent plusieurs États. Il faudrait, pour vous don-

ner des conseils, que je connaisse votre affaire.
Henri IV surprit les ennemis de grand matin, avant
qu'ils aient pu se ranger en bataille. Il importe que
vous ne vous effrayez pas des obstacles que vous
rencontrerez. Ils demandèrent qu'on leur permette
de prendre pour roi celui qui les avait conduit tant
de fois à la victoire. Aimez le travail, afin que vous
pouviez un jour vous suffire à vous-même. Je serais
heureux que vous soyez assez mon ami pour
me dire toute la vérité. Il aimait tendrement ses
enfants, quoiqu'ils l'affligeaient souvent. Bien
des siècles se passèrent avant qu'on ait trouvé le
moyen d'utiliser la vapeur. Il ne tint pas au philo-
sophe Callisthène qu'Alexandre ne conserve les
mœurs de son pays et ne ternisse pas sa gloire par
un orgueil insensé. Il faudrait que tous les hommes
s'aiment et se secourent réciproquement.

ADVERBE.

Exercice sur cette partie du discours. (Voyez les numéros 289 et 290.)

L'élève corrigera les fautes qui existent dans cet exercice

Il y a des animaux qui vivent dessus la terre,
d'autres dedans l'air, un grand nombre dedans l'eau,
et peut-être encore plus dessous la terre. Cette bonne
mère n'est heureuse que quand ses enfants sont
alentour d'elle. Il faut réfléchir long-temps auparavant de prendre une détermination. Venez me voir
auparavant que vous partiez. Si votre sœur a da-

vantage d'esprit, votre frère a davantage d'instruction. Celui qui se fie davantage à ses lumières qu'à celles de l'expérience, est un imprudent. On dort presque toujours mieux dessous le chaume que dedans un palais doré. Les soldats se rangèrent alentour du drapeau. Athènes était célèbre long-temps auparavant la fondation de Rome. La gloire d'un souverain consiste moins dedans la grandeur de ses États que dans le bonheur de ses peuples. Un sot peut faire davantage de questions en une heure, qu'un homme de sens n'en peut résoudre en un an. Socrate, auparavant de boire la ciguë, pardonna généreusement à ses ennemis. La terre tourne alentour du soleil dans l'espace d'un an. Les montagnes les plus élevées voient les nuages se former dessus leur tête. Il n'y a rien qui chatouille davantage que les applaudissements. Dieu fit le ciel et la terre auparavant de créer l'homme. Ne cherchons pas dehors de nous la cause de nos malheurs : c'est à nos passions, à nos désirs insensés à qui il faut les attribuer. La flatterie serpente alentour des trônes. Les conquérants détruisent davantage de villes qu'ils n'en fondent. Auparavant de prendre un parti consultez un ami éclairé.

PRÉPOSITION

Exercice sur cette partie du discours. (Voyez les numéros 291, 292 et 293.)

L'élève corrigera les fautes qui se trouvent dans cet exercice.

L'homme marche presque toujours à travers d'un

nuage d'erreurs. La frayeur les précipita au travers la forêt. Voilà deux choses qu'on peut regarder comme les éléments du succès : la volonté et la persévérance. Vertus, talents et modestie, voici la devise de l'homme estimable. La mort ne surprend pas le sage, il est toujours près de mourir. Qui n'est pas généreux est prêt à être injuste. Nos soldats se jetèrent au travers un bataillon ennemi, et l'enfoncèrent. Indulgence pour les autres, sévérité pour soi, voici ce qui fait l'homme sociable. Loin de blâmer vos pleurs, je suis près à pleurer. Le soleil ne se montrait qu'à travers des nuages. Voilà le code de l'égoïste : tout pour lui, rien pour les autres. On lui porta des secours, lorsqu'il était prêt à succomber. Calypso, furieuse, courait à travers de la forêt sans suivre aucun chemin. Ignorer et souffrir, voici le sort des hommes. Que de gens ne commencent à savoir vivre que quand ils sont prêts à mourir! La vérité n'arrive aux grands qu'à travers des obstacles. La capitale, prête à tomber au pouvoir des ennemis, fut sauvée par le patriotisme des habitants. Quand pourrai-je, à travers d'une noble poussière, suivre de l'œil un char fuyant dans la carrière? Voilà deux choses qu'on trouve rarement unies : le mérite et la modestie. Aimer et s'occuper, voici le vrai bonheur.

CONJONCTION.

Exercice sur cette partie du discours. (Voyez les numéros 294, 295 et suivants.)

L'élève corrigera les fautes qui se trouvent dans cet exercice.

Les princes font beaucoup d'ingrats, par ce qu'ils
ne donnent pas tout ce qu'ils peuvent. Je juge, parce
que vous dites, que vous avez raison. L'envie estime
le mérite, quoi qu'elle s'efforce de le décrier. Quoique vous disiez de raisonnable, ne vous attendez pas
à obtenir l'approbation générale. Quant on a fait une
faute, il faut l'avouer avec franchise. Quand à moi,
je ne connais rien de plus ennuyeux que les gens qui
parlent toujours de soi. Les fortunes promptes sont
les moins solides, par ce qu'il est rare qu'elles soient
l'ouvrage du mérite. Quoiqu'il vous en coûte, dite
toujours la vérité. Quant on manque d'expérience et
quand on ne prend conseil que de soi-même, on est
exposé à commettre bien des fautes. C'est parce
qu'ils font, et non par ce qu'ils disent qu'on doit juger les hommes. Quoi qu'il ne soit pas riche, un homme
obligeant peut rendre bien des services. Quoiqu'il
arrive, on doit toujours tenir ses promesses. Les
grands sont entourés de flatteurs, par ce qu'ils ont
des faveurs à donner. Quant l'histoire serait inutile
aux autres hommes, il faudrait la lire aux rois. Quand
à la révolution qui s'est accomplie, tout le monde
l'avait prévu. Quant cesserez-vous de nous mécon-
tenter par votre conduite légère? Parce qu'est cet

homme, jugez de ce qu'il fut. Quoique vous lui disiez, vous ne le convaincrez pas. Quant le printemps
reparaîtra, les hirondelles reviendront. Tous les gens
sensés sont d'accord, quand à l'immortalité de l'ame.

CHAPITRE XII.

DE L'ORTHOGRAPHE.

EMPLOI DES CARACTÈRES.

*Exercice sur les consonnes finales indiquées par la dé-
rivation, et sur les terminaisons* AIE, IE, UE, EUE,
OIE, OUE, ÉE. (Voyez les numéros 303 et 304.)

Un ran d'arbres. Le cham fertile. Le babi des en-
fans. Un cheval allant au galo. Un affron sanglan.
Un enfan légé. Un ama de ruines. Le san innocen.
Un homme so. Un enfant babillar. Un cam rempli de
soldas. Du dra ver. Un réci touchan. Un abor glacial.
Un alimen lour. Un fusi chargé. Une bai épaisse. Une
rare modesti. Une vu perçante. Une joi excessive.
Une rou mise en mouvement. Une destiné malheu-
reuse. Jouir d'une longue pai. Être à la merci des
flos. La brebi mangée par le loup. Une perdri rouge.
La vertue unie au mérite. Une tribue de sauvages.
Faire la loie. Une croi en or. Une noi de coco. Une
amitiée fondée sur l'estime. La charitée chrétienne.
Un ven violen. Une futai épaisse. Avoir de la modesti.
Un ta de fagos. Un fron sourcilleux. La voi humaine.

Avoir un grand succè. Demeurer en repo. Faire une
foli. La foie une des vertus théologales. Avoir pitiée
des malheureux. Une longue avenu. Une fumé noire.
Vivre dans la captivitée. Prendre des oiseaux avec
de la glue. La cigale et la fourmie. Une rai blanche
et noire. Être la proi des méchans. Une volonté ferme.
Une matiné froide. Un enfant discrè. Un refu pénible.
Aimer sa bru comme sa propre fille. Payer un tribu
à la faiblesse humaine. Soutenir un comba.

Exercice sur les terminaisons AT, AIRE, IÈRE, IAIRE,
   ER, IS, EAU, EINDRE, AINDRE, ANCE, ENCE, ANSE,
   ENSE. (Voyez depuis le numéro 305 jusqu'au nu-
   méro 317.)

Parvenir au doctora. Être promu au cardinala.
Une pension alimentère. Un pouvoir arbitrère. Habi-
ter une chaumiaire. Les lumiaires de la raison. Lire
son brévière. La loi punit sévèrement l'incendière.
Le cimetiaire du Père Lachaise. Une branche de
lière. Un coursié intrépide. Avoir la tête sur l'oreillé;
fuir le dangé. Un roché escarpé. Voyager à pié. Un
vergé productif. Un homme âger. Parcourir une longue carriaire. Obtenir son conger. Un clerger nombreux. Un fonctionnère éclairé. Le ducher de Luxem-
bourg. Rester au logi. Le colori d'un tablô. Descen-
dre au tombau. Attaindre au but. Paindre un portrait.
Crindre les méchants. Contrindre l'ennemi à fuir.
Ancenser le vice. Anvahir une ville. Amployer utilement son temps. Ampêcher les abus de s'introduire.
Entidater une lettre. Èmbitionner les honneurs. Faire

6*

alliance avec les méchants. Éprouver de la recon-
naissence. Avoir une existance heureuse. Une préfé-
rance bien méritée. Paraître en présance du juge.
Obéir à sa consciance. La puissance de Dieu. La dis-
tence qui sépare ces deux villes. Aimer beaucoup la
dence. Vivre dans des trences continuelles. Pardonner les offances. Recevoir une récompanse. Il dé-
panse beaucoup d'argent. Avoir le cervau dérangé.
Anfraindre les loies. Périr sur un buché. Prouver
son innoçance. Faire une grande résistence. Se vincre
soi-même. Des principes élémentères. Ambrouiller
une question. Diriger un batau vers le rivage. Enti-
ciper l'époque d'un paiement.

Exercice sur les terminaisons MENT, EUR, IRE, IR,
OUR, OIR, OIRE, ATTE, ITTE, OUTTE, UTTE; *et sur*
le remplacement de N *par* M. (Voyez depuis le numéro 318 jusqu'au numéro 326.)

Le mugissemant des flos. L'aboiemant des chiens.
L'affranchissemant des esclaves. Un débiteure insol-
vable. Un caractère plein d'aigreure. Se promener
pendant une heur. Manger du pain et du beur.
Aimer à contredir. Décrir une bataille. Servir son
pays. Rir des folies des autres. Maudir sa destiné.
Remplire ses promesses. Fréquenter la coure.
Faire preuve de bravour. Monter au sommet d'une
toure. Suivre les détoures d'une route. Oter la boure
d'un fusil. Concevoire de vastes projets. Pourvoire
aux besoins des pauvres. Croir à la bonne foie des
hommes. Boir à la santé de ses amis. Un dévidoire

en ébene. Un réservoire d'une grande dimension.
Payer un mémoir. Perdre la mémoir. Un travail obli-
gatoir. Se livrer à l'espoire. Passer la nuit dans un
dortoire. Manger des dates. Être attaqué par des pi-
rattes. Dormir sur une nate. Une fregatte à la voile.
Je vous ai payé, nous sommes quites. L'élitte de la
sociétée. Il quite les mauvaises habitudes qu'il avait
contractées. Faire prendre la fuitte aux ennemis.
Souffrir de la goute. Se mettre en déroutte. Se cacher dans une hute. Faire une chutte dangereuse. Ne
pas perdre une minutte. Faire une banqueroutte
frauduleuse. Opérer le désarmemant des troupes.
Interdir l'entré d'une ville. Quiter sa demeur pour
aller à la campagne. Boir dans la coupe du malheure.
Voyager au retoure de la belle saison. Éprouver des
douttes. Avoir un air hypocritte. Entendre le feuil-
lage bruir. Combattre avec ardeure. Remporter la
victoir. Tonber dans la misère. Anmagasiner des mar-
chandises. Enmener sa famille avec soi.

Exercice sur le doublement des consonnes. (Voyez
depuis le numéro 327 jusqu'au numéro 335.)

L'abé Vertot a écrit les révolutions romaines. Le
jour du sabat est un jour de repos pour les Juifs.
L'ouragan abbattit les plus grands arbres. L'adi-
tion est la première opération de l'arithmétique. La
rédition de Strasbourg eut lieu en 1681. N'agravez
pas vos fautes en cherchant à les justifier. L'ennui
sugère de mauvaises pensés. Le temps ne fait qu'a-
croître nos infirmités. Acordez votre confience aux

honnêtes gens. Un caractère accariâtre annonce un amour-propre excessif. Heureux celui qui a des ocupations de son goût ! La raison nous afranchit des préjugés. Comment voire la mort sans éfroi ! La religion nous commande le pardon des ofenses. Soyez bon affin d'être aimé. Carthage était située en Affrique. On alége sa douleure en soulageant celle d'autrui. Les sciences servent d'alliment à l'esprit. Les grands écrivains ilustrent une nation. L'ille de Saint-Domingue a un gouvernement républicain. Les plus courtes ilusions sont les meilleures. Rome était bâtie sur sept colines. La collère nous alliène l'affection de nos amis. Tout ce qui est défendu par les lois est ilicite. Les Païens imolaient des hommes à leurs dieux. L'immitation est un sentiment naturel. L'immagination doit être dirigée par le bon sens. Les choses qu'on aprend facilement s'oublient de même. Les sots s'aplaudissent eux-même. Le temps appaisent les passions et applanit bien des difficultés. Les hommes oposent mille obstacles à leur félicité. L'oprobre avilit l'ame et flétrit le courage. Louis onze oprima le peuple. La supperstition est une faiblesse. La véritable suppérioritée est celle des vertues et des talents. La mort d'Alexandre-le-Grand ariva l'an 323 avant Jésus-Christ. L'ambitieux ne s'arête jamais. Les loies sont quelquefois comme les toiles d'arraigné : les petits insectes s'y prennent, les gros passent à travers. L'éducation peut seule coriger le naturel. Les mauvais exemples corompent les mœurs. Le corrail est une production marine. L'irésolution est le propre de la faiblesse. La persécution iritent les es—

prits. L'irronie peut corriger bien des ridicules.
L'honneure nous atache à nos devoirs. La pauvre-
tée atend l'homme prodigue. L'histoire du règne de
Néron est remplie d'attrocitées. Ne désirez que ce que
vous pouvez aquérir. On s'aquite des bienfaits par la
reconnaissance.

EMPLOI DES SIGNES ORTHOGRAPHIQUES.

Exercice sur l'emploi des accents. (Voyez depuis le numéro 336 jusqu'au numéro 341.)

L'élève corrigera les fautes d'accentuation que présentent
les mots qui composent l'exercice suivant.

Egalite. prosperite. cherir. berger. nouveaute.
immensite. etranger. genie. perversite. necessaire.
néz. oisivete. celebrite. degenerer. mediocrement.
etrangere. severement. atmosphere. tèrre. acces.
proces. detèstablement. caractere. caracteriser. suc-
ces. amerement. Il desespere. il projètte. faire la
guèrre. n'avoir guere d'esprit. Deces. eternellement.
austere. austerite. cypres. legerete. baton. chateau.
crane. depot. embleme. dome. theatre. trone. fete.
blame. bete. pole. assemblee. zele. depeche. siecle.
hopital. foret. forestier. oter. fleche. cote. complete.
exces. champetre. fidelite. fidelement. tempete. ro-
der. deceler. Il decele. J'irai-la. Je ne sais ou le trouver. La puissance de Dieu egale sa bonte. Il faut
vaincre ou perir. Ouvrez votre cœur a vos amis. La
religion a pour piedestal l'humanite. L'intemperance

a tue plus d'hommes que la faim. Le cultivateur part aux champs des le point du jour. Il n'y a pas d'esprit la ou il n'y a pas de raison. Mon attachement vous est du. La lumiaire et la chaleure nous viennent dû soleil. Le calomniateur s'est tu. Ou vas-tu nous reduire, amitie fraternelle ? Grand roi, cesse de vaincre, ou je cesse d'ecrire. Tout est bien en sortant des mains dû Createur. La terre devient fertile des que l'homme prend la peine de la cultiver.

*Exercice sur l'*APOSTROPHE , *la* CÉDILLE , *le* TRÉMA *et le* TRAIT D'UNION. (Voyez depuis le numéro 342 jusqu'au numéro 352.)

L'élève emploiera ou supprimera , selon le besoin , les signes orthographiques qui font l'objet de cet exercice.

Je admire la puissance divine. La chaleur me accable. Les honnêtes gens te estiment. Les jours se écoulent avec la rapidité de un torrent. Le Éternel règle nos destinés. La amitiée fait le bonheur de la vie. Ce est le travail qui nous préserve de le ennui. Les avares ne voient dans le monde que eux et leurs trésors. Il faut se accoutumer à l'obéissance , lorsque on est jeune. Puisque on plaide et que on devient malade , il faut des avocats et des médecins. Quoique il y ait bien des méchants , cela ne empêche pas les bons de prospérer. Donnez quelque autre raison qui puisse nous convaincre. La Suède est une grande presque ile. Les hommes doivent se entre aider. Quoique Alexandre fut un grand roi, il n'a pas rendu son peuple heureux. Quelqu'infortuné qu'on soit, on trouve toujours des gens plus malheureux que soi. Puisqu'en étudiant on se procure tant de jouissances pures, pourquoi préférer l'oisiveté à l'étude ? Le plus frivole prétexte suffit souvent pour que deux amis se entre égorgent. Quelqu'instruction que vous possédiez ne en tirez pas vanité. — Le commencement de ce règne s'annonça d'une manière brillante. On a souvent tort par la façon dont on a raison. Nous apercumes des vaisseaux qui se dirigeaient vers nous. Son regard menacant nous fit trembler. Socrate fut condamné à boire de la cigue. Le style de nos vieux auteurs est plein de naiveté. Saul fut le premier roi d'Israel. L'égoisme étouffe tous les bons sentiments. Que dis je ? Que fais tu ? Que pensez vous ? Laisse moi pleurer. Accorde nous ton amitié. Rendez vous service réciproquement. Dis lui ce que tu penses. Est ce votre frère que j'ai vu ? Sont ce les Anglais qui ont fait cette découverte ? Quelque chose que tu fasses, donnes y tous tes soins. Lorsque tu recois un bienfait gardes en le souvenir. Si ton ami te demande un service rends le lui avec empressement. Lyon est le chef lieu du département du Rhône. L'odorat est le avant coureur du goût.

FIN.

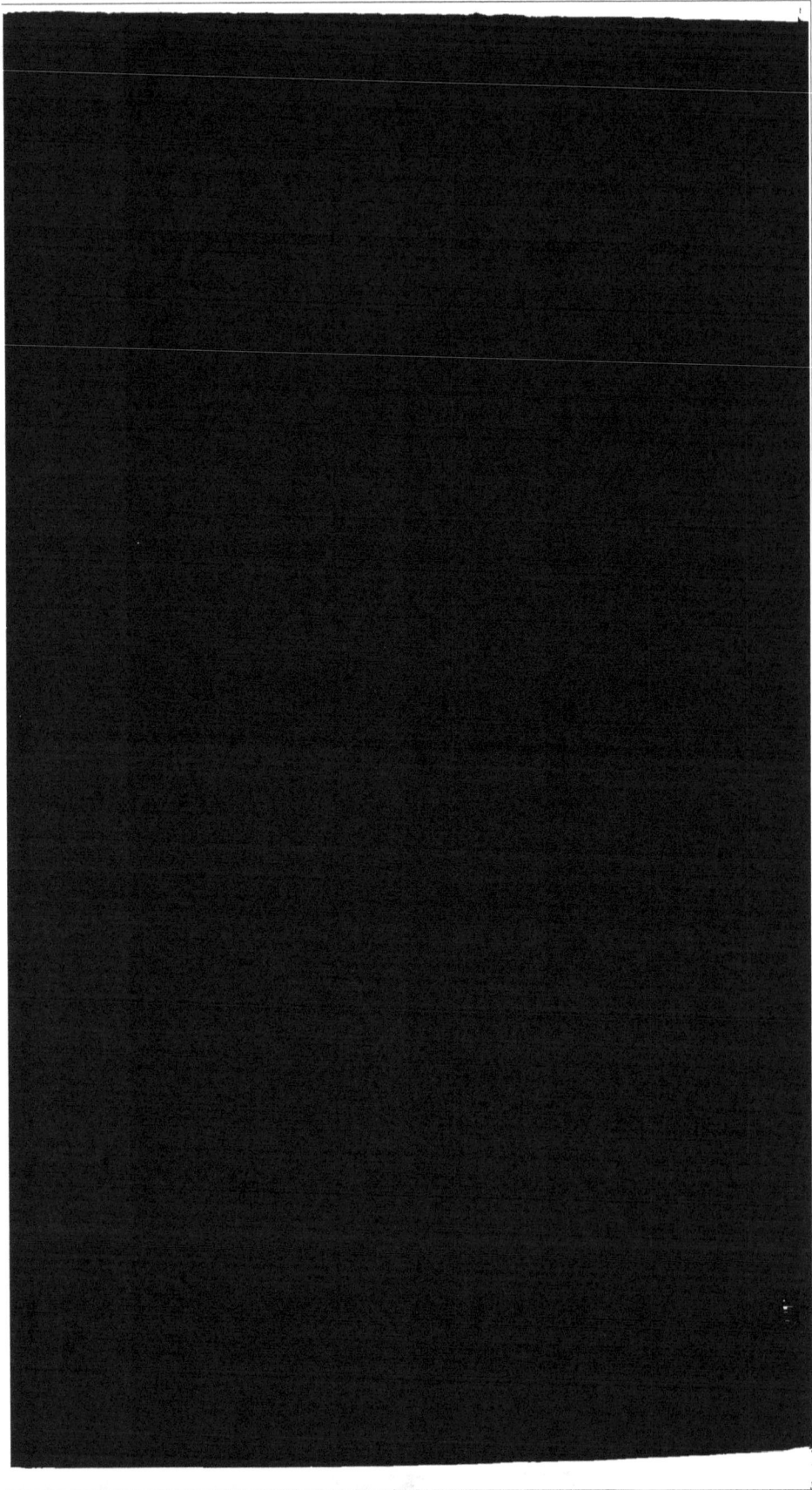

www.ingramcontent.com/pod-product-compliance
Lightning Source LLC
Chambersburg PA
CBHW052203270326
41931CB00011B/2215